맛? 건강?
또 다른
문화 한류를
이끄는 **한식**

1판 3쇄 발행 2023년 9월 20일

글쓴이	이상미
그린이	김창희
편집	김민애, 이정희
디자인	김민하, 문지현
펴낸이	이경민
펴낸곳	㈜동아엠앤비
출판등록	2014년 3월 28일(제25100-2014-000025호)
주소	(03972) 서울특별시 마포구 월드컵북로22길 21, 2층
홈페이지	www.domgamnb.com
전화	(편집) 02-392-6901 (마케팅) 02-392-6900
팩스	02-392-6902
전자우편	damnb0401@naver.com
SNS	

ISBN 979-11-6363-544-4 (73590)

※ 책 가격은 뒤표지에 있습니다.
※ 잘못된 책은 구입한 곳에서 바꿔 드립니다.
※ 이 책에 실린 사진은 위키피디아, 셔터스톡에서 제공받았습니다.

도서출판 뭉치는 ㈜동아엠앤비의 어린이 출판 브랜드로, 아이들의 지식을 단단하게 만들어 주고, 아이들의 창의력과 사고력을 키워 주어 우리 자녀들이 융합형 창의 사고뭉치로 성장할 수 있도록 좋은 책을 만들겠습니다.

펴내는 글

한식이 정확히 뭐예요?
우리나라 음식이 외국 사람들의 입맛에 잘 맞을까요?

선생님의 질문에 교실은 일순간 조용해지기 시작합니다. 인내심이 한계에 다다른 선생님께서 콕 집어 누군가의 이름을 부르는 순간 내가 걸리지 않았다는 안도감에 금세 평온을 되찾지요. 많은 사람 앞에서 어떻게 말을 해야 할까 고민 한번 해 보지 않은 사람은 없을 겁니다.

사람들 앞에서 자신의 생각을 조리 있게 전달하는 기술은 국어 수업 시간에만 필요한 것이 아닙니다. 학교 교실뿐만 아니라 상급 학교 면접 자리 또는 성인이 된 후 회의에서도 자신의 의견을 분명히 표현할 수 있어야 합니다. 하지만 어디서부터 시작해야 할지 몰라 입을 떼는 일이 쉽지 않습니다. 혀끝에서 맴돌다 삼켜 버리는 일도 종종 있습니다. 얼떨결에 한마디 말을 하게 되더라도 뭔가 부족한 설명에 왠지 아쉬움이 들 때도 많습니다.

논리적 사고 과정과 순발력까지 필요로 하는 토론장에서 자신만의 목소리를 내려면 풍부한 배경지식은 기본입니다. 게다가 고학년으로 올라가서 배우는 수업과 진학 시험에서의 논술은 교과서 속의 내용만을 요구하지 않습니다. 또한 상대의 의견을 받아들이거나 비판하기 위해서도 의견의 타당성과 높은 수준의 가치 판단을 해야 하는 경우가 많은데, 자신의 입장을 분명히 하기 위해선 풍부한 자료와 논거가 필요합니다.

토론왕 시리즈는 사회에서 일어나는 다양한 사건과 시사 상식 그리고 해마다 반복되는 화젯거리 등을 초등학교 수준에서 학습하고 자신의 말로 표현할 수 있도록 기획되었습니다. 체계적이고 널리 인정받은 여러 콘텐츠를 수집해 정리하였고, 전문 작가들이 학생들의 발달 상황에 맞게 스토리를 구성하였습니다. 개별적으로 만들어진 교과서에서는 접할 수 없는 구성으로 주제와 내용을 엮어 어린 독자들이 과학적 사고뿐만 아니라 문제 해결력, 비판적 사고력을 두루 경험할 수 있도록 하였습니다. 폭넓은 정보를 서로 연결 지어 설명함으로써 교과별로 조각나 있는 지식을 엮어 배경지식을 보다 탄탄하게 만들어 줍니다. 뿐만 아니라 국어를 기본으로 과학에서부터 역사, 지리, 사회, 예술에 이르기까지 상식과 사회에 대한 감각을 익히고 세상을 올바르게 바라보는 눈도 갖게 할 것입니다.

『맛? 건강? 또 다른 문화 한류를 이끄는 한식』은 한식의 정의를 비롯해서 한식의 역사와 종류를 알려 주는 것에 그치지 않고, 세계로 뻗어 나간 한식에 대해서도 살펴봅니다. 무엇보다 전통 조리법을 지켜 나가는 것과 더불어 외국의 메뉴와 조리법을 도입하여 한식화한 것에는 무엇이 있는지, 또 그것이 어떻게 우리 식생활 문화로 자리 잡았는지 들려줍니다. 세대에 따라 입맛이 달라져 가고 있는 상황에서도 건강과 세계화를 위해 지켜 나가야 할 음식 문화는 무엇인지 생각해 본다면, 이 책을 읽는 것이 어린이 여러분에게 더없이 소중한 시간이 될 것입니다.

편집부

펴내는 글 · 4
할머니 댁에서 무슨 일이? · 8

1장 조선 시대로 간 정식이 · 11

여기가 어디지?

오늘은 무슨 날?

일복 많은 정식이

김장은 이제부터가 진짜

토론왕 되기! 김치를 먹으면 코로나바이러스를 이겨 낼 수 있다고?

2장 이곳은 안동 · 35

헛제삿밥과 탕평채

안동 찜닭이 유명한 이유

찜닭이 만들어지는 과정

토론왕 되기! 우리나라 음식엔 반찬이 왜 이렇게 많을까?

3장 도자기의 비밀 · 55

꼬마 탐정 정식이

이상한 초대

세상에서 제일 맛있는 불고기

맛있게 먹겠습니다!

토론왕 되기! 옛날 음식을 무조건 지켜야만 할까?

뭉치 토론 만화
시장은 음식 백화점 · 81

4장 이런 것도 우리 음식이라고? · 89

이것도 불고기?

빈대떡 VS 피자

신기한 닭 요리

토론왕 되기! 비빔밥을 세계에 더 알릴 방법은 없을까?

5장 한식아, 안녕! · 111

변함없는 집밥

김치로 만드는 특별한 음식

갑작스러운 이별

토론왕 되기! 시시로 알리는 한식 세계회, 괜찮을까?

어려운 용어를 파헤치자! · 135

알아두면 좋은 한식 관련 사이트 · 136

신나는 토론을 위한 맞춤 가이드 · 137

할머니 댁에서 무슨 일이?

1장

조선 시대로 간 정식이

 여기가 어디지?

"앗?"

댕기머리를 한 남자아이가 손가락으로 정식이를 가리켰어요.

'뭐지? 민속촌인가? 아니면 꿈인가?'

정식이만큼이나 그 아이도 깜짝 놀란 표정이었어요. 정식이는 주변을 둘러보았지만 온통 낯선 물건에 낯선 분위기였지요.

"너, 너 누구야? 어떻게 이 백자 속에 들어가 있었어?"

"내가? 내가 여기 들어가 있었다고? 이 작은 데에?"

"너 여기서 나왔다고!"

정식이는 다시 백자를 바라보았어요. 문득 백자 속을 들여다보다가

안으로 쑥 빨려 들어갔던 기억이 떠올랐어요.

"난 그냥 백자를 만지다가 안을 들여다본 것뿐이야."

"뭐? 나도 백자를 만지고 있었어. 물론 난 안을 들여다보지 않았지만. 그런데 갑자기 네가 나타난 거야!"

그때 밖에서 '한식아!' 하고 부르는 소리가 들렸어요. 댕기머리 소년의 이름이 한식이인가 봐요.

"난 나가 봐야 해."

한식이 말에 정식이는 난처한 표정을 지었어요.

"알았어. 나도 집에 갈게."

"아니다. 그냥 나랑 같이 가자."

"뭐? 어디를?"

한식이는 정식이 손목을 낚아채듯 잡고는 방 밖으로 데리고 나갔어요. 따라 나서려던 정식이가 멈칫하자 한식이가 신발을 가져다 댓돌에 놓았어요.

"이거 내 여분 짚신인데 신어라."

정식이는 짚신을 보며 난감해했어요.

"이건 과거 체험인가? 짚신을 보기만 했지, 신어 보는 건 처음이네."

한식이가 서두르는 통에 정식이는 얼른 짚신을 신고 따라갔어요. 도대체 처음 만난 정식이를 어디로 데려가려는 걸까요?

 **오늘은 무슨 날?**

밖은 북적북적 소란스러웠어요. 잔치 음식이라도 하는 듯 각종 음식 재료가 쌓여 있고, 왔다 갔다 하는 사람도 많았어요.

"할머니, 저 왔어요."

"한식이 너, 후딱 안 돕고 어딜 그리 돌아다니는 거냐?"

한식이 할머니인가 봐요. 앞치마를 두르고 서서 사람들에게 이거 해라, 저거 해라 시키다가 한식이를 보고 대뜸 핀잔을 주었어요.

"아, 안녕하세요."

정식이는 한식이 옆에서 엉거주춤 인사를 드렸어요. 다들 정식이를 위아래로 훑어보았어요.

"넌 어느 마을에서 왔니? 옷차림이 요상하구나."

'그러게요. 분명 할머니 집이었는데, 갑자기 여기로 뚝 떨어졌어요.'

정식이가 속으로만 말했어요. 정말 이렇게 말할 수는 없잖아요. 정식이가 우물쭈물하자 한식이가 정식이 손목을 잡아 끌었어요.

"이리 와. 넌 나랑 이거 하자."

한식이는 정식이를 배추가 가득 쌓여 있는 광주리 쪽으로 데리고 갔어요. 배추는 뽀얀 속살을 드러내며 예쁘게 다듬어져 있었어요.

"혹시 오늘 김장하는 날이야?"

"어, 바로 알아보네?"

"내가 김장도 모를 줄 알았냐?"

"네가 도자기 속에서 나왔으니까 그렇지. 할머니 말씀대로 옷차림도 이상하고."

정식이는 이참에 자기소개를 해야겠다고 생각했어요.

"내 이름은 이정식이야. 내가 도자기에서 나왔다는 건 말도 안 되는 이야기지만, 내가 좀 이상한 곳에 와 있는 것 같기는 해. 민속촌도 아닌 것 같고. 여기는 진짜 옛날처럼 보여. 마치 조선 시대처럼. 그렇지만 우

리 할머니 동네랑 비슷한 점도 많은 것 같아."

"내 이름은 한식이야. 암튼 이렇게 온 김에 나랑 김장하는 거나 돕자. 너는 갑자기 도자기에서 나와서 갈 데도 없을 거 같으니까."

정식이는 딱히 할 것도 없어서 그러자고 했어요. 일단 이 이상한 곳을 파악할 필요가 있었거든요.

한식이는 정식이에게 배추가 가득 담긴 광주리를 같이 들자고 했어요. 한눈에 봐도 어마어마한 양이었지만, 한식이가 아무렇지도 않게 말하니 정식이도 내색을 할 수 없었지요.

둘이 같이 드는데도 광주리는 엄청 무거웠어요. 그런데도 한식이는 광주리 한 개를 다른 손에 더 들지 뭐예요. 힘이 무척 센가 봐요.

"한식아, 후딱 가서 헹궈 오려무나."

김장하는 날이 되면, 정식이는 텔레비전 보면서 놀다가 김치보쌈에 푹 삶은 고기를 먹기만 했는데 한식이는 일을 도와주나 봐요.

"그런데 어디로 가는 거야?"

"밤새 소금에 절인 배추를 냇가에 가서 헹궈야 하거든."

"뭐? 수돗물로 헹구면 되잖아. 꼭 냇가까지 가야 해?"

"수돗물이 뭐야?"

정식이는 주위를 둘러보고 한식이를 쳐다보았어요. 아무래도 한 번쯤 확인을 하고 넘어가야 할 것 같아요.

"음, 지금 혹시 조선 시대야?"

"조선 시대? 조선이면 조선이지, 시대는 뭔데?"

정식이는 어떻게 된 일인지 모르지만 자신이 옛날로 왔다는 걸 알 수 있었어요. 사람들의 옷차림도 사극에서 보던 것과는 조금 달랐고, 말투나 억양도 좀 달랐거든요. 정식이는 좀 더 확실한 증거를 발견하면 한식이와 다시 이야기해 보기로 마음먹었어요.

 일복 많은 정식이

둘이 낑낑대며 도착한 곳은 실개천 같은 곳으로 맑은 물이 졸졸졸 흘렀어요.

"자, 여기서 헹구자."

한식이는 같이 들고 온 광주리에서 배추를 꺼내 헹구고는 다른 광주리에 차곡차곡 담았어요. 정식이도 한식이가 하는 걸 보고 따라 했어요.

"앗, 차가워!"

물이 너무나도 차가워 손이 떨어져 나가는 것 같았어요.

한식이는 정식이를 보고 씩 웃었어요. 작년 처음 김장을 도울 때 자기 모습을 보는 것 같았거든요.

정식이의 한식이 뭐예요?

"김치가 면역력을 높인다고?"

장 부스케 프랑스 몽펠리에대 폐의학과 명예 교수팀은 최근 코로나19 사망자 수와 국가별 식생활 차이의 상관관계를 연구. 그 결과, 발효된 배추가 코로나바이러스 세포 침입시 이용되는 ACE2 효소(앤지오텐신전환 효소2)를 억제하는 것으로 파악.
- 국제 학술지 '임상·변환 알레르기(Clinical and Translational Allergy)'

2020년 이루어진 이 연구를 통해, 연구진은 발효된 배추를 주식으로 삼는 국가들의 사망자가 적다는 공통점을 발견했답니다.

영국의 공영 방송사인 《BBC》는 홈페이지 요리법 코너에 김치 담그는 법을 게시해 놨고, 《더 타임스》는 2020년 겨울 필

진들이 김치를 담그다 실패한 이야기를 실었어요. 그만큼 외국에서 김치에 대한 관심이 높다는 증거예요.

영국의 신문 《가디언》 역시 쌀가루, 베이킹파우더, 우유와 섞어서 기름을 두르고 김치 팬케이크를 만들어 보라고 추천했고, 《데일리 메일》은 치즈와 김치를 넣은 샌드위치를 소개했어요.

《텔레그래프》는 코로나 봉쇄 중 집에서 점심 식사로 식은 밥에 계란, 채소, 고추, 김치를 넣어서 볶아 보라고 전했어요.

주영 한국 대사관은 관저 요리사가 담근 김치를 의회, 외교부 등 한국 관련 주요 인사 50여 명에게 선물했는데 기대 이상의 호응을 얻었다고 해요.

코로나 확산으로 김치 수출은 사상 최대치에 달했다고 해요. 우리의 건강 음식 김치는 세계 속에서 그 위상이 아주 높답니다.

"겨울이니 당연히 차갑지."

"고무장갑 없어? 우리 엄마는 고무장갑 끼고 하시는데."

"그게 뭔데?"

"음, 고무로 만든 장갑인데 그걸 끼면 손이 덜 시렵거든."

"너희 동네에는 그런 게 있나 보구나. 하지만 우리 동네는 이렇게 다 맨손으로 하는걸."

한식이는 손끝이 빨개지는데도 아무렇지도 않은지 척척 배추를 헹구었어요. 정식이도 차가운 것을 꾹 참고 서둘러 배추를 냇물에 헹구기 시작했어요.

정식이는 너무 손이 시려워 동상에 걸릴 것만 같았어요. 그래도 아무 말 하지 않고 배추를 두어 번 더 헹구고는 광주리에 차곡차곡 쌓았어요. 처음 해 보는 것인데도 정식이와 한식이는 손발이 착착 맞았어요.

"이제 가자. 고생했어."

"아까 가져올 때보다 어째 더 무거워진 것 같네."

정식이는 몹시 피곤해졌어요. 이렇게 힘들게 뭔가를 한 적이 없었던 것 같아요. 뜨뜻한 방바닥에서 뒹굴며 인터넷 게임이나 하고 싶은 마음이 굴뚝같았어요.

"그런데 너도 참 일복 많다. 와도 꼭 이런 날 여기를 오냐."

"아직도 할 일이 많이 남았어? 이것만 하면 끝 아니야?"

"아직 시작도 안 했는데? 김장은 안다면서 해 본 적은 없구나?"

한식이는 사람들이 복작복작한 곳을 가리키며 말했어요.

산처럼 쌓인 절인 배추 옆에서 마늘을 작은 절구로 다지는 아주머니, 무를 얇게 채치는 아주머니, 파를 다듬는 아주머니 등 모두 엄청 바빠 보였어요.

"마침 잘 왔다. 한식이 너, 무 채 좀 쳐라."

이건 또 무슨 말일까요? 무를 때리라는 말일까요? 정식이는 한식이가 어떻게 하는지 가만히 살펴보았어요.

한식이는 왼손으로 커다란 무를 탁 잡고, 하얗게 생긴 어떤 도구로 무를 슥슥 갈아 댔어요. 그러자 신기하게도 평소 먹던 무채처럼 가늘게 썰리지 뭐예요. 정식이는 집에서 엄마가 쓰던 채칼이 생각났어요. 한식이도 엄마 못지않게 무채를 쓱쓱 잘도 썰어 내지 뭐예요.

정식이가 넋을 놓고 보고 있자, 한식이가 말했어요.

"너도 한번 해 볼래?"

한식이는 정식이 손에 도구를 들려 주었어요. 도자기로 된 채칼이었지요. 평소 엄마가 쓰던 것과는 전혀 달랐어요.

"이거 도자기네."

"맞아, 도자기야. 아무 집에나 있는 게 아닌 귀한 거라고. 우리 집이 종갓집이라 대대로 물려 내려오는 거랬어."

대대로 물려 내려오는 거라고 하니 정식이는 조심스럽게 채칼로 무를 썰어 보았어요.

'옛날엔 무를 채 치는 도구 하나도 귀한 재료로 만들었구나!'

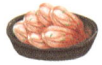 **김장은 이제부터가 진짜**

모든 재료가 준비되었어요. 한식이 할머니가 무와 젓갈, 다진 마늘, 고춧가루와 각종 채소를 넣고 섞었어요. 어느덧 채소들마다 고춧가루의 붉은 물이 예쁘게 들었어요.

속 재료가 다 버무려지자, 사람들이 각자 절인 배추에 속을 쓱쓱 문지르면서 켜켜이 넣었어요.

한식이 할머니가 아이들을 보며 말했어요.

"갓 담근 김치는 풋내가 나는 듯하면서도 아삭아삭 사각사각 맛있지. 땅이 얼기 전 땅속에 항아리를 묻어서 차곡차곡 담고 겨우내 먹는 게 바로 김장이란다. 한 포기 두 포기 꺼내 먹다 보면 어느새 익어 가면서 새콤하다가 시큼해지고 묵은지가 되지. 김치 없으면 못 사는 게 우리네 삶이란다."

"하하, 할머니 말씀 엄청 잘하신다. 잘하면 랩도 될 것 같은데?"

정식이는 라임을 타고 나오는 할머니 말씀에 감탄했어요.

"랩이 뭐야?"

"잘 들어 봐."

정식이는 큼큼 헛기침을 두어 번 하더니, 손을 입에 갖다 대며 래퍼처럼 노래했어요.

"김치 금치 맛있지, 아삭아삭 새 김치가 맛있지, 시큼달큼 묵은지가 맛있지, 너도나도 김치 없음 못 살지. 그게 그게 바로바로 우리지."

정식이의 즉석 랩은 꽤 근사했어요. 문제는 아무도 그걸 이해하지 못한다는 점이었어요. 한식이랑 할머니는 물론이고 다른 아주머니들도 정식이를 요상하다는 듯 쳐다보았어요.

"판소리인가? 아무튼 참 요상하게도 한다. 옛다, 아, 해 봐라."

할머니가 절인 배추에 김치 속과 수육을 싸서 정식이에게 내밀었어요. 정식이는 입을 크게 벌렸어요. 할머니는 정식이 입안에 수육을 쏙 넣어 주었어요. 어찌나 속을 야무지게 쌌는지 정식이 양 볼이 불룩해졌어요.

"판소리 타령을 한다 해도 일단 먹어라. 그럼 혹부리 영감처럼 노래도 더 잘하겠지."

그 말에 다들 크게 웃음을 터뜨렸어요.

"그러고 보니, 예전에는 배춧속 넣으며 다들 타령 한마디씩 하고 그랬는데 말이야."

"맞아 맞아."

다 같이 모여서 절인 배추에 푹 삶은 수육을 배춧속이랑 싸서 입이 터지게 먹으며 웃어 댔어요.

"한식아, 왜 이렇게 김장을 모여서 하는 거야? 여기 오신 분들 다 가족인 건 아니지?"

"그럼 이 많은 걸 혼자 하냐? 겨우내 먹을 거라 양이 많아서 혼자서는 할 수가 없어. 그래서 김장할 때는 동네잔치 하듯이 모두 모이지."

"내가 사는 곳에서는 이제 이렇게까지 모여서 김장을 하진 않거든. 그래도 해마다 김장 축제 같은 걸 하는 지역도 있어. 어릴 때 엄마가 데리고 가서 구경했던 기억이 나."

"김장하는 걸 구경하러 간다고? 아니, 해마다 집집마다 이렇게 모여 하면 되잖아. 그러면서 더 친해지는 건데."

한식이는 정식이가 하는 말을 이해할 수 없었어요.

어른들의 수다와 웃음이 깊어 가는데 정식이는 점점 마음이 무거워졌어요. 웃음도 나오지 않았고요.

'난 엄마랑 같이 김치를 담가 본 적이 없는데. 그냥 주는 대로 먹기만 하고, 싫다 하고, 먹다 남기기도 했지. 이렇게 마을 잔치처럼 김장을 할 정도면, 김치가 정말 소중한 음식인데 말이야.'

정식이의 한식이 뭐예요?

"외국에도 김치의 날이 있다고?"

2021년 미국 캘리포니아에서는 11월 22일을 '캘리포니아 주 김치의 날'로 정했어요. 한국이 김치 종주국이라는 설명과 함께 역사를 알리는 내용을 담은 결의안을 발표한 것이에요.
그런데 왜 11월 22일이냐고요? 배추와 무 등 주재료에 소금과 양념 채소, 젓갈을 비롯한 다양한 재료 하나하나(11월)가 어우러져 22가지 효능을 낸다는 뜻을 담고 있는 것이라고 해요. 2020년 우리나라가 같은 날을 법정 기념일로 정한 것처럼 같은 의미로 제정한 것이지요.

정식이 마음속에 이런 생각이 깃들면서 곧이어 엄마 생각이 났어요. 가족들이랑 할머니 집에 왔는데, 정식이만 갑자기 이곳에 뚝 떨어진 거잖아요.

'다시 집으로 돌아갈 수 있을까? 설마 여기서 계속 이렇게 사는 건 아니겠지?'

그 생각을 하니 정식이는 눈에 눈물이 차올랐어요.

"너 지금 우냐?"

한식이가 깜짝 놀라 말했어요.

"아가, 너 김치가 매워 그러냐?"

한식이 할머니도 걱정스러운 목소리로 물었어요.

"네. 좀 매워요."

정식이는 속마음을 감춘 채 대답했어요.

"사내 녀석이 이게 매우면 뭘 먹냐?"

한식이가 정식이 등을 툭 치면서 말했어요.

김장 속 넣기가 끝나자, 김치를 차곡차곡 옮겨서 땅속에 미리 묻어 놓은 항아리에 담았어요. 커다란 항아리가 10개도 넘었어요.

"저리 두고 겨울 내내 꺼내 먹고, 남으면 봄까지 먹는단다."

"김치냉장고에 넣어 두면 되잖아요."

정식이는 말해 놓고 아차 싶었어요. 이곳이 조선 시대라는 걸 자꾸

까먹지 뭐예요.

"김치냉장고가 뭐야?"

"아, 항아리 말하는 거예요. 큰 항아리."

"너무 큰 데에 김치를 담으면 나중에 손이 안 닿아서 김치를 빼 먹기 힘들단다."

정식이는 어른들이 항아리에 김치를 차곡차곡 넣는 모습을 가만히 지켜보았어요. 이 항아리들이 김치냉장고처럼 맛을 일정하게 유지해 줄까 궁금해하면서 말이지요.

정식이의 한식이 뭐예요?

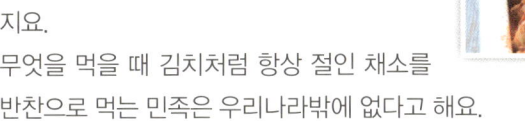

"김장하는 것도 문화라고?"

2013년엔 우리의 김장 문화가 유네스코의 인류 무형 문화유산으로 등재되었어요. 김장 문화에 대해 유네스코에서는 '김장을 통해 이웃 간 나눔의 정신을 실천하며 연대감과 정체성, 소속감을 증대시켰다.'고 평가했지요.

무엇을 먹을 때 김치처럼 항상 절인 채소를 반찬으로 먹는 민족은 우리나라밖에 없다고 해요.

조선 시대 김장에는 어떤 도구가 사용됐을까?

《산림경제》는 조선 시대 농사, 의약 등 농촌의 일상생활에 필요한 지식을 정리한 책이에요. 이 책에 의하면 조선 시대 양반집에서 사용했던 부엌 살림은 약 65종류나 되었다고 해요. 특히 김장철이 되면 어떤 특별한 도구가 사용되었을까요?

강판

강판은 즙을 내기 위해 채소 등을 갈아내는 판인데, 생강 가는 것을 으뜸으로 꼽았다고 해서 이름이 강판이 되었다고 해요. 특히 조선 후기에 사용하던 이 강판은 백자로 만들어져서 단단할 뿐만 아니라 모양도 아름다워서 여인네들이 특히 소중히 여기지 않았을까 짐작해 봅니다.

마자는 조선 시대 양반집에서 사용했던 부엌 살림 중 하나로, 강판과 마찬가지로 양념을 갈 때 쓰는 기구예요. 손가락을 끼울 수 있도록 홈이 파여 있는데, 이 속에 손을 넣어 거친 표면으로 마늘과 같은 김장 양념을 손쉽게 갈 수 있었답니다.

마자

돌절구

돌절구는 크기에 따라 두 종류로 나뉘는데요. 큰 절구는 보리 등의 곡식을 빻는 데 주로 쓰고, 작은 절구는 마늘, 고추, 소금, 깨, 생강 등의 양념을 빻는 데 사용했다고 해요. 작은 절구의 크기는 어른 주먹만 하여 휴대하기 편하다는 장점이 있었어요. 그리고 흙으로 구워 내 만들었기 때문에 안과 겉 모두 우툴두툴하답니다.

양념 단지는 소금, 간장, 기름, 꿀, 엿(조청), 깨, 파, 마늘, 고춧가루, 후추, 생강 등의 양념을 넣어 두는 그릇이었어요. 18~19세기 널리 만들어서 사용했다고 해요. 진흙으로 빚은 전통 옹기로 윤이 나고 단단해요. 그릇 자체가 숨을 쉬고 흡습성이 좋아 양념을 보관하기에 딱이었답니다.

양념 단지

됫박

됫박은 되 대신 쓰던 바가지예요. 무려 삼국 시대 이전부터 사용된 도구라고 해요. 이미 그때부터 1되를 2리터로 지정하여 사용했다고 하니, 우리 조상들의 지혜가 정말 대단하지요? 주로 곡식이나 액체 등을 일정한 양에 맞게 재려고 만든 도구예요. 보통 나무나 쇠로 만들었는데, 박의 속을 긁어서 간편하게 사용하기도 했대요.

김치를 먹으면 코로나바이러스를 이겨 낼 수 있다고요?

 엄마, 이 기사 보셨어요?

 뭔데?

 김치가 코로나에 대응하는 면역력을 키우는 음식이래요.

 정말이니?

 엄마가 좋아하는 미국 배우 있잖아요. 코로나에 감염됐었는데, 회복하면서 김치를 먹었대요.

 그러고 보니, 외국 신문에서는 이런 얘기도 있더구나. 백신 효과가 잘 나도록 건강을 유지하는 5가지 방법에 관한 글인데, 지중해식 식사, 요거트, 치즈 등과 함께 김치를 포함시켰어.

 2014년 신종플루 바이러스가 유행했을 때에도 김치를 먹으면 좋다는 소문이 있었는데, 단순한 소문이 아니라 실험에 의한 결과였대요.

세계김치연구소의 연구

김치 유산균을 먹인 쥐가 신종플루 및 인플루엔자 바이러스에 감염됐을 경우 생존율이 40~50% 높았다. 특히 김치 발효가 더 진행된 신김치일수록 감염이 더욱 억제된다는 연구 결과가 나왔다.

장 부스케 프랑스 몽펠리에대 폐의학과 명예 교수 연구팀이 코로나19 사망자 수와 지역별 식생활 차이의 상관관계 분석을 통해, 발효된 배추를 주식으로 삼는 국가들의 사망자가 적다는 공통점을 발견했다.

김치는 발효 과정에서 생성되는 유산균이 항암, 항염, 항비만, 항바이러스에 효과가 높다고 알려져 있단다. 그러니 면역력을 높이는 데 도움이 될 수 있을 거야.

엄마, 그럼 앞으로 밥상에 김치 반찬만 올려 주세요. 배추김치, 총각김치, 또 뭐가 있더라?

맨날 고기반찬 타령하면서 이제 김치만 먹겠다고?

헤헤, 그럼 고기도 조금은 주세요.

무엇보다 영양소 골고루 챙겨서 먹는 게 중요하지. 좋다고 한 종류만 먹을 게 아니라.

알겠어요. 이제부터 반찬 투정 안 할게요!

김치 말고 면역력을 높이는 식품에는 또 무엇이 있을까요? 인터넷 검색을 통해 알아보세요.

선 긋기 퀴즈

다음 그림은 조선 시대에 사용했던 김장용 살림 도구입니다.
맞게 설명한 것끼리 선을 이어 보세요.

1

A 됫박
주로 곡식이나 액체 등을 일정한 양에 맞게 재려고 만든 도구예요.

2

B 양념 단지
진흙으로 빚은 전통 옹기로 윤이 나고 단단해요. 그릇 자체가 숨을 쉬고 흡습성이 좋아요.

3

C 강판
즙을 내기 위해 채소 등을 갈아 내는 도구예요. 생강 가는 것을 으뜸으로 꼽았다고 해서 이렇게 이름이 붙여졌어요.

4

D 마자
양념을 갈 때 쓰는 기구예요. 손가락을 끼울 수 있도록 홈이 파여 있는데, 이 속에 손을 넣어 거친 표면으로 마늘 등을 갈았대요.

5

E 돌절구
마늘, 고추, 소금, 깨, 생강 등의 양념을 빻는 데 사용했어요. 흙으로 구워 내 만들었기 때문에 안과 겉 모두 우툴두툴하답니다.

정답: ①C ②D ③E ④B ⑤A

2장

이곳은 안동

 헛제삿밥과 탕평채

다음 날 정식이는 눈을 비비며 잠에서 깨어났어요. 주변을 두리번거리며 살펴보았어요. 어제 일이 꿈같지만 여전히 집이 아니었어요.

그때 방문이 열리며 한식이가 들어왔어요.

"일어났네?"

"내가 언제 방에 들어왔지?"

"어제 우리 엄마가 너 업고 와서 여기 눕혔어. 기억 안 나?"

그때 한식이 엄마가 상을 들고 들어왔어요.

"한식이랑 너는 여기서 이렇게 먹어라. 어제 일을 많이 해서 입안이 깔깔하지? 그래서 특별히 헛제삿밥을 해 봤단다. 어제 담근 새 김치도 썰고."

"고맙습니다. 근데 헛제삿밥이 뭐예요?"

"제사 지낸 게 아닌데도 제사 음식을 차려서 비벼 먹는 걸 헛제사밥이라고 해."

한식이가 아는 척하며 말했어요.

정식이는 고개를 끄덕였어요.

"어떻게 이 동네에 왔는지는 모르겠다마는 편하게 지내렴. 우리 집 전통이 문간방에 손님 끊이지 않는 거란다. 한식이 또래로 보이니 이

정식이의 한식이 뭐예요?

"헛제삿밥이 뭐예요?"

헛제삿밥은 진짜 제사를 지내기 위해 만든 음식은 아니지만 평소에 제사상에 올렸던 밥, 나물, 산적 등을 놓고 먹던 밥을 말해요. 밥에 산적과 전, 생선찜, 나물 등을 넣고 비벼 먹는 비빔밥 요리이자 상차림으로, 경상북도 안동의 향토 음식이에요. 비빔밥의 재료로 나물뿐만 아니라 탕국과 후식이 곁들여 나오는 상차림이에요. 헛제삿밥에서 가장 중요한 건 그래도 제삿밥이라는 이름이 붙여졌기에 고추장이 아니라 꼭 간장으로 비벼야 한다는 점이에요.

헛제삿밥은 본디 귀한 쌀밥을 드러내놓고 먹지 못했던 시절, 유생들이 제사 음식을 앞에 두고 향과 축문(제사 때에 읽어 신명(神明)께 고하는 글)을 읽는 '헛제사'를 지낸 뒤, 그 음식을 먹던 것에서 시작되었다고 해요.

방에서 한식이랑 같이 지내면 돼."

한식이 어머니는 담담하고 따뜻한 목소리로 말했어요.

정식이는 묵묵히 밥 한 숟가락을 떠서 입에 넣었어요. 따뜻하고, 고소하고 부드러웠지요. 마치 정식이의 마음을 위로해 주는 것 같았어요.

상에는 어제 먹었던 김치와 수육 말고도 하얀 묵과 김, 야채가 섞인 게 있었어요. 정식이 엄마가 자주 해 주던 탕평채였어요.

정식이의 한식이 뭐예요?

"탕평채가 뭐예요?"

탕평채는 녹두묵에 고기볶음과 데친 미나리, 구운 김 등을 섞어 만든 묵무침으로 청포묵무침이라고도 해요.

탕평채는 조선 시대 영조 임금 때부터 만들기 시작한 음식이에요. 흔히 한식은 오방색을 구현한 음식이라고 해요. 오방색(五方色)은 황(黃), 청(靑), 백(白), 적(赤), 흑(黑)의 다섯 가지 색을 말해요. 음과 양의 기운이 생겨나 하늘과 땅이 되고 다시 음양의 두 기운이 목(木), 화(火), 토(土), 금(金), 수(水)의 오행을 생성했다는 음양오행 사상을 기초로 한 것인데, 중앙과 동서남북의 방위를 뜻하기도 해요.

한식에는 한 가지 음식에 다섯 가지 색을 지닌 재료들을 사용함으로써 오방색의 의미를 담은 음식이 많은데 비빔밥과 탕평채가 그 대표적인 음식이에요.

안동 찜닭이 유명한 이유

그때 방문이 열리며 한식이 할머니도 들어왔어요. 할머니는 고생했다며 정식이에게 뭐가 먹고 싶냐고 물었어요.

뭐든 해 준다는 말에, 정식이는 당당하게 목소리를 냈어요.

"그럼 치킨 먹고 싶어요."

"치킨?"

"네, 간장치킨하고, 프라이드, 이렇게 반반이요."

할머니는 정식이를 가만 쳐다보다가 말했어요.

"칡을 간장에 빠뜨려 먹는다고?"

정식이는 아차 싶었어요. 치킨은 영어인데, 여기가 정말 조선 시대라면 알아들을 리가 없겠죠.

"닭이요. 닭을 튀겨서 간장 맛 나게 하는 건 간장치킨이고, 그냥 밀가루 입혀 바삭하게 튀긴 건 프라이드치킨이에요."

"그냥 닭튀김이라고 하면 될 것을 요상하게 말하는구나."

정식이는 머리를 긁적거렸어요.

"네가 말하는 그건 한 번도 해 본 적이 없구나. 그렇지만 어찌 됐건 닭 요리는 해 주마. 키우는 닭을 잡아서 간장에 빠뜨리면 되겠지. 우리 안동에서는 그건 잘 해 먹으니까."

안동, 닭, 간장? 이런 단어들을 들어 보니, 정식이는 퍼즐처럼 가끔 가족끼리 먹으러 갔던 음식이 떠올랐어요.

"한식이는 정식이랑 닭 잡아서 문간방 아재에게 손질해 달라고 해라."

정식이는 닭을 잡는다는 말에 깜짝 놀랐어요.

"닭을 직접 잡는다고?"

정식이는 조금 무섭기도 하고 신기한 마음으로 한식이를 따라나섰어요. 집 뒤꼍에는 작은 우리가 있고 닭 여러 마리가 고고하게 걸어 다니고 있었어요.

"저렇게 살아 있는 거를 잡는 거야?"

"그럼 살아 있는 거를 잡지, 죽은 거를 잡냐?"

"아니, 난 평소에 마트에 포장된 것만 사 봤거든. 당연히 털도 다 뽑혀 있고."

"뭐? 죽은 닭을 판다고? 죽은 걸 사 먹는다는 말이야?"

한식이는 놀라서 눈을 동그랗게 떴어요.

"아, 그게. 아무튼 우리 동네에서는 그래."

정식이는 대강 얼버무렸어요.

한식이는 능숙한 솜씨로 닭 우리로 들어가 커다란 암탉을 잡아서 나왔어요.

"네가 들어 볼래?"

"시, 싫어."

"무섭냐?"

"무섭긴. 노, 놓칠까 봐 그런다."

"완전 겁쟁이구나."

정식이는 놀리는 한식이 때문에 입이 삐죽 튀어나왔어요.

"자, 얼른 문간방 아재한테 가자."

정식이는 닭과 한식이를 힐끔힐끔 보면서 따라갔어요.

 찜닭이 만들어지는 과정

아저씨는 아이들에게 기다리라 하고는 닭을 들고 어디로 가 버렸어요. 한참 뒤 돌아온 아저씨 손에는 털이 말끔하게 뽑힌 닭이 들려 있었어요.

"떨어뜨리지 말고 잘 들고 가거라."

한식이는 닭을 받아들고 앞장섰어요. 정식이는 왠지 징그러운 마음에 걸음이 잘 떼어지지 않았어요.

"빨리 가자. 그래야 빨리 먹지."

"이 헐벗은 애가 아까 그 닭이라는 거지?"

"그렇다니까?"

정식이는 마트에서 보던 것과는 너무 다른 모습에 쉽게 믿을 수가 없었어요. 어쩐지 찜닭 맛도 다를 것 같았지요.

부엌에서는 한식이 엄마가 분주하게 일을 하고 있어요.

"귀한 손님이 올 때 대접하는 씨암탉을 잡았네. 한식이한테는 정식이가 우리 집 귀한 손님이구나."

정식이는 왠지 쑥스러웠어요.

"방에 가 있거라. 점심때 다 되면 맛있게 먹자꾸나."

정식이는 안동 찜닭 만드는 걸 직접 보고 싶었어요. 엄마가 만드는 것과 어떻게 다른지 비교해 보고 싶었거든요.

"우리도 부엌에 있으면 안 돼?"

"나도 부엌 안에는 잘 안 들어가는데? 제사 때가 아니면 남자들은 부엌일 거의 안 하거든."

"그럼 안 돼?"

"음, 할머니한테 일단 물어볼게."

한식이와 정식이는 할머니 방으로 서둘러 갔어요.

"뭐? 찜닭을 같이 만들어 본다고?"

할머니는 어린 아이들이 부엌에 들어가면 정신 사납다며 안 된다고 딱 잘라 말했어요.

정식이는 계속 할머니를 졸랐어요.

"보고 배워서 나중에 집에 돌아가면 저희 할머니께 해 드리고 싶어서 그래요. 허락해 주세요."

정식이는 진짜 그런 마음이 들었어요. 몇 년 전 할아버지가 먼저 돌아가시고 혼자 남은 할머니는 좀 우울해하셨거든요. 그것 때문에 엄마와 아빠도 걱정이 많은 것 같았어요.

"너도 할머니가 있나?"

"네. 저희 할머니도 안동에 사세요."

"안동? 안동 어디?"

정식이는 아차 싶었어요. 안동에서 와서 지금 안동에 있다는 말을 어떻게 설명할 수 있겠어요.

정식이가 아무 말도 못하고 있자, 할머니는 부엌에 들어가도 된다고 허락해 주었어요. 정식이한테 말 못할 비밀이 있다고 짐작했는가 봐요. 아니면 할미니가 보고 싶어서 그런다고 생각했는지도 모르고요.

정식이는 신나서 부엌으로 달려갔어요.

"야, 같이 가!"

한식이도 팽개치고 정식이가 부엌에 도착했을 때, 닭은 이미 토막 내어져서 간장 속에 들어가 있었어요.

"부엌엔 왜 다시 왔니? 배고프니?"

"안동 찜닭 만드는 거 배우고 싶어서요."

정식이는 당당하게 말했어요.

"할머니가 허락해 주셨어요."

한식이도 거들었어요. 한식이 어머니는 가볍게 한숨을 내쉬고는 채소를 다듬으라고 내주었어요.

정식이는 당근을 수세미로 문질렀어요. 그런데 수세미가 보통 수세미와 달랐어요. 수세미라는 식물의 열매를 키워서 말린 거라고 했어요. 정식이는 수세미로 당근 흙을 털고 쓱쓱 닦았어요.

채소 정리를 끝내자 부엌일을 돕는 분이 누나가 칼로 자르려고 했어요.

최근에는 미세 플라스틱을 발생시키지 않는
식물성 수세미가 인기라고 해요.

"그것도 제가 해 보면 안 돼요?"

"위험해서 아이들은 안 돼. 이따 양념 섞는 거나 도와주렴."

정식이는 칼로 채소를 싹뚝싹뚝 쑹덩쑹덩 잘라 보고 싶었어요. 사실 집에서도 엄마가 시키지 않은 일이라 이번 기회에 해 보고 싶었거든요.

한식이 어머니가 정식이와 한식이를 물끄러미 보더니, 분이 누나에게 작은 나무 도마와 칼을 아이들에게 주라고 했어요.

"위험할 텐데요."

"해 봐야 위험한지 알지."

"저 학교에서 방과 후 요리 교실 수업 들었어요. 칼도 써 봤어요."

정식이가 학교에서 쓴 칼은 사실 진짜 칼이 아니었어요. 플라스틱 칼이거나 돈가스 자르는 칼이어서 안전한 편이었지요.

"자, 해 보거라."

한식이와 정식이는 서로 마주 보며 싱끗 웃었어요.

"칼자루를 단단히 쥐고, 다른 손으로는 채소를 잡고 손가락을 안으로 오므려야 칼에 안 베인단다."

한식이와 정식이는 조심조심 싹둑싹둑 채소를 잘랐어요. 처음에는 당근, 감자, 마지막으로 양파. 양파는 미끄러워서 잡기도 힘들었지만 매운 향 때문에 자꾸 눈물이 났어요. 그래도 아이들은 눈물을 꾹 참고 썰어 냈어요.

간장 졸여지는 냄새가 코끝을 솔솔 찔렀어요. 한식이와 정식이는 보글보글 끓는 찜닭을 보며 침을 꼴깍 삼켰어요. 아침에 먹은 헛제삿밥은 어디로 갔는지 배 속에서 자꾸 꼬르륵 소리가 나지 뭐예요.

안동 지역의 전통 음식으로 또 뭐가 있을까?

안동식혜

일반 식혜

우리가 흔히 먹는 식혜와 안동식혜는 좀 달라요. 일반적인 식혜는 달달한 맛 때문에 감주 또는 단술이라고도 불리지요.
쌀 또는 좁쌀로 지은 밥에 엿기름물을 부은 다음 잘게 썬 무, 다진 생강, 고춧가루 물을 넣고 물을 넉넉하게 부어서 삭히는 것이 바로 안동식혜예요. 그런데 여기서 끝이 아니에요. 더 맛있게 하려면 잣, 밤, 배, 사과, 볶은 땅콩 가운데 2~3가지를 넣어야 한대요. 그래서 다른 지역의 식혜처럼 단맛도 나지만, 물김치 맛도 나고 과일 맛도 나는 특이한 음식이랍니다. 주로 설과 대보름을 전후하여 즐겨 먹었다고 해요.

간고등어

간고등어는 안동 지역 사람들이 비교적 흔하고 값싸게 먹을 수 있는 대표적인 생선이에요.
옛날에는 간고등어가 가난한 안동 선비의 고급 반찬이었다고 해요. 안동 지역은 내륙에 위치해 싱싱한 생선을 구하기 어려웠어요. 그러니 바닷가에서 구해 온 고등어를 안동까지 가져오려면 소금에 절일 수밖에 없었지요. 그런데 하루 동안 절인 이 고등어가 적당히 발효되고 간이 배어서 더 맛이 좋아졌지 뭐예요. 이것이 안동 간고등어가 유명해진 이유랍니다.

안동 찜닭

안동 찜닭은 안동 지역 전통 음식이라고 하기는 어려워요. 몇십 년 전 시장 골목에서 만들어 팔던 음식인데 그 맛이 독특하여 전국적으로 유명해진 것이지요.
찜닭은 통닭을 만들 때와 같은 크기로 닭고기를 썰어 넣고 여기에 당면·감자·당근·파·마늘·붉은 고추를 넣어서 간장과 물엿으로 간을 하여 약간 물기가 있게 조린 음식이에요. 사실 찜닭은 갈비찜과 당면으로 만든 잡채가 섞인 것과도 비슷해요. 돼지고기나 소고기 대신 닭고기가 들어간 셈이지요.
안동 찜닭은 1990년대 후반에 들어서면서 안동뿐만 아니라 서울에서도 유명해지기 시작하였고, 전국으로 퍼지면서 대중화되었답니다.

우리나라 음식엔 반찬이 왜 이렇게 많을까?

 밥상에 반찬이 이게 뭐야?

뭐가?

 밥, 국, 김치, 찌개, 나물 이렇게밖에 없잖아. 나물도 한 종류밖에 없고. 계란프라이라도 있으면 좋을 텐데.

야, 이 정도면 됐지. 특별한 날 아니면 보통 이렇게 먹는다고.

 우리 집에서는 이렇게 먹은 적 없단 말이야. 국도 있고 찌개도 있고, 소시지 반찬 아니면 고기반찬 꼭 올라오고. 생선도 있고. 물론 나물반찬은 난 거의 안 먹고, 엄마 아빠만 먹지만.

그렇게 먹으면 너무 배부르지 않냐? 대신 밥을 많이 주잖아.

 밥은 탄수화물이라 이걸 많이 먹으면 살이 찐다고. 우리 엄마는 영양소 챙겨 주면서 밥 차려 주셨어. 사극 같은 거 보면 완전 진수성찬이던데.

왕이나 그렇게 먹지. 양반집에서도 그 집안 전통에 따라 다 다르게 먹는다고. 네가 말하는 영양소를 따지긴 힘들어. 계절에 따라 음식을 만들어 먹으니까.

난 우리나라 음식이 좋은 이유가 밥이랑 반찬이 많기 때문이야. 먹을 때마다 기분이 좋아져.

언젠가 나도 너희 집에서 밥 좀 먹어 봤으면 좋겠다. 얼마나 진수성찬으로 먹는지.

그래, 초대할 테니까 꼭 와서 먹어. 평소에 얼마나 많은 반찬으로 먹는지 보여 주지.

일단 지금은 찜닭이나 먹어.

헤헤, 고마워! 잘 먹을게.

여러분의 밥상에서 반찬은 몇 가지인가요? 외국 식단이랑 우리나라 식단을 비교했을 때 가장 큰 차이점은 무엇일까요? 3첩 반상, 5첩 반상, 7첩 반상의 차이를 말해 보세요.

가로세로 퍼즐 맞추기

음식에 대한 설명을 읽고 빈칸을 채워 보세요.

가로 열쇠

2) 양치식물. 어린 잎은 먹고 뿌리줄기는 녹말을 만든다.
3) 생선 살을 으깨어 소금 따위의 부재료를 넣고 익혀서 응고시킨 음식.
5) 토막 낸 닭고기에 당근, 감자, 마늘, 고추, 대파, 양파 따위와 당면을 넣고, 간장이나 고추장으로 맛을 내어 자작하게 조린 음식.
7) 소의 고기

세로 열쇠

1) 소금에 절인 고등어.
4) 달걀 푼 것에 새우젓이나 명란젓, 파, 깨 따위를 넣고 찐 음식.
6) 닭의 살코기.
7) 짠맛이 나는 백색의 결정체. 대표적인 조미료로, 주성분은 염화 나트륨이다.

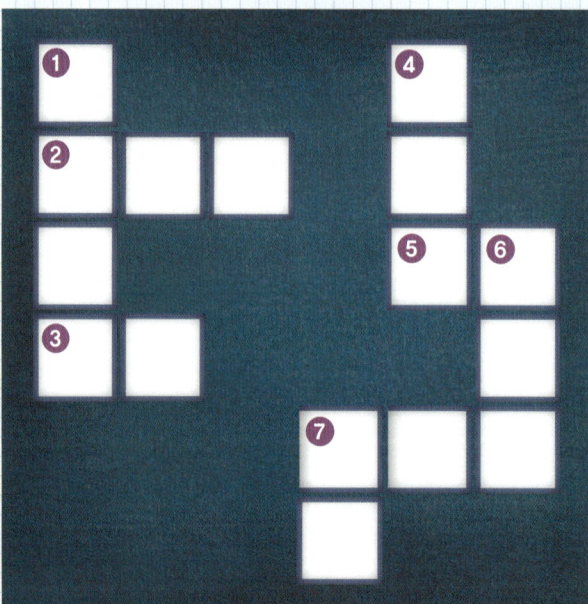

가로 열쇠 정답) 2 고사리 3 어묵 5 찜닭 7 쇠고기
세로 열쇠 정답) 1 고등어 4 계란찜 6 닭가슴 7 소금

3장
도자기의 비밀

꼬마 탐정 정식이

정식이는 잠시 마루에 앉아 곰곰이 생각해 보았어요.

'내가 언제까지 여기 있게 될까? 설마 영원히 있는 건 아니겠지?'

정식이는 자신이 어떻게 이곳에 오게 되었는지 기억을 되살려 보았어요.

'그때 할머니 방에서 도자기를 만지고 있었어. 그런데 한식이도 도자기를 만지작거리고 있었다고 했지?'

정식이는 마치 탐정이 된 것처럼 골똘히 머리를 굴렸어요. 머릿속에서 미로 속을 헤매는 것 같았어요.

'혹시 나와 같은 시간 누군가 그 도자기를 만지고 있었다면? 그래서

내가 이곳에 오게 된 거라면? 그런데 하필 왜 내가 온 거지? 나도 만지고 한식이도 만졌는데?'

정식이는 머리를 갸웃거렸어요. 정식이는 한식이 할머니 방으로 다시 가 보기로 했어요. 그때처럼 도자기를 만져 보기로 한 것이지요.

정식이가 막 도자기를 만지려던 때였어요.

"야, 도자기 만지지 마!"

한식이가 문을 벌컥 열며 소리쳤어요.

"너도 그때 만졌다며?"

"아, 네가 나온 날? 나, 그때 몰래 만진 거야. 할머니가 절대 손대지 말라고 하셨거든."

"우리 할머니도 그런 말씀을 하시곤 했지. 그런데 내가 궁금한 게 있어. 그때 나도 만지고, 너도 만졌잖아. 내가 여기로 왔을 때도 네가 만지고 있었으니까 우리가 동시에 만지고 있었던 것 같아."

정식이의 말에 한식이도 고개를 끄덕였어요.

"그런데 우리 둘 다 만졌는데 왜 나만 이리로 오게 된 걸까? 만지면 다른 시간 대로 오는 거라면, 너도 내가 살던 때로 가야 하지 않을까? 왜 나만 이곳으로 온 거지?"

"그럼 우리 다시 한번 그때처럼 해 볼까?"

그러면서 한식이가 도자기에 손을 갖다 댔어요. 정식이도 한식이가 손을 댄 곳 반대편에 손바닥을 댔지요. 그때였어요. 정식이는 몸이 휙 빨려드는 느낌이 들었어요. 마치 어딘가로 끌려가는 것처럼 말이에요.

이상한 초대

"에구머니나!"
정식이는 낯익은 목소리가 들려서 눈을 떴어요.
"아니, 정식이 아니니? 아이고, 내 새끼! 갑자기 튀어나와 간 떨어질

뻔했네."

"할머니!"

정식이는 할머니 품에 폭 안겼어요. 드디어 다시 자신이 살던 곳으로 돌아온 거예요.

"그건 그렇고, 이 아이는 누구냐?"

'앗, 이번에는 한식이가 이곳에 왔네?'

"할머니, 얘는 제 친구예요. 갑자기 부모님들이 다 어디 가서서 할머니 집에 우리랑 같이 있어야 할 것 같아요."

정식이는 머리를 긁적거리며 말했어요. 할머니한테 한식이가 과거에서 온 아이라고 말할 수는 없었어요.

"너는 이름이 뭐냐?"

"한식이입니다."

"한식이? 어머, 우리 조상님 이름 중에 한식이가 있다 들었는데."

할머니는 한식이를 머리부터 발끝까지 훑어보았어요.

"그런데 너 옷차림이 심상치 않구나?"

한식이는 한복에 댕기머리, 버선까지 신고 있으니, 할머니가 이상하게 생각할 수밖에요.

"요즘도 요런 버선을 신네. 바느질 솜씨 참 곱구나. 직접 만든 버선 같은데?"

"예, 맞아요. 이건 엄마가 만들어 주신 버선이에요. 울 엄마 솜씨는 안동에서 최고예요!"

한식이는 관심과 칭찬을 받으니 기분이 좋은 듯했어요. 정식이는 자신도 정식이 집에서 엄마 음식 솜씨를 자랑했던 게 생각이 나 빙긋 웃었어요.

"여기 안동엔 우리 정식이 놀 거리도 없어 심심했을 텐데 잘되었다. 너도 안동 사람이면 우리 정식이한테 안동 소개도 하고 같이 놀면 좋겠구나."

할머니가 한식이 머리를 쓰다듬어 주고는 방을 나갔어요.

한식이는 주위를 둘러보았어요. 잠시 도자기를 만졌을 뿐인데, 어디로 온 걸까요?

"어떻게 된 거지? 여기도 안동이라고?"

"내가 사는 시대에 우리가 같이 온 거야. 여긴 안동 할머니 집이고. 그런데 이렇게 쉽게 오게 될 줄은 몰랐네."

"여긴 우리 집 같아. 가구나 분위기는 조금 다르지만."

"그래? 그럼 한식이 네가 살던 그 집이 바로 이 집이란 뜻인가?"

"아하, 그럼 내가 네 조상 아닐까? 이제부터 조상님이라고 불러라."

한식이가 낄낄대고 웃었어요

"지금 그럴 때냐? 자칫하면 너 여기서 조상님 놀이나 하고 살아야 해. 너희 가족을 다시는 만나지 못할지도 모른다고."

갑자기 한식이 얼굴이 어두워졌어요

"왜 겁나냐? 나도 겁났었어."

"아니, 배고파."

정식이는 어이가 없었어요. 그때 정식이 배에서도 꼬르륵 소리가 났어요. 마침 그 소리를 듣기라도 한 것인지 할머니가 들어왔어요.

"한식이라 했지? 울 강아지 정식이 친구라니까 이 할미가 맛있는 거 해 주마. 한식이는 뭘 좋아하니?"

"아, 전 아무거나 잘 먹어요."

잠시 뒤, 정식이 엄마가 쟁반에 식혜를 들고 왔어요.

"자, 달달한 식혜 한 잔씩 마셔라."

한식이는 집에서 먹던 식혜를 보니 반가운 마음이 들었어요.

"와, 식혜다!"

"식혜 좋아하니?"

"네, 집에서 자주 먹는 게 바로 이 식혜거든요."

"그래? 우리 정식이는 맨날 콜라나 먹을 줄 알지, 식혜는 안 좋아한단다."

할머니가 한식이를 기특해하며 말했어요.

정식이는 입을 삐죽 내밀었어요. 할머니 말씀은 사실이에요. 정식이

정식이의 **한식이 뭐예요?**

"식혜는 어떻게 만들어요?"

식혜는 명절이나 잔치 때 후식으로 마시는 음료예요.

식혜는 보통 단술, 감주라고 부르는데 밥알을 띄워서 먹는 것을 식혜라 하고, 다 삭은 것을 끓인 후 밥알은 건져 내고 물만 먹는 것을 감주라고 해요.

식혯밥으로는 찹쌀이나 멥쌀을 사용해요. 멥쌀이나 찹쌀로 밥을 되게 지어서

엿기름(보리에 물을 부어 싹이 트게 한 다음에 말린 것)물에 풀어서 하룻밤 따뜻하게 두면 밥알이 삭으면서 위로 동동 떠올라요. 밥이 엿기름에 들어 있는 당화 효소(다당을 가수 분해하여 환원당을 생성하는 효소의 총칭. 아밀라아제류와 셀룰라아제류가 있다.)의 작용으로 삭으면서 엿기름의 독특한 단맛과 향이 생겨요. 밥이 삭으면 설탕이나 꿀을 넣고 한 번 끓여서 식힌 후 차게 해서 먹어요. 끓일 때 생강 저민 것을 넣거나 유자즙을 넣으면 향과 맛이 더욱 좋아져요.

는 식혜보다 콜라나 다른 음료수를 더 좋아했거든요. 식혜에 들어간 밥알도 별로 입에 안 맞았고요.

"너희들 뭐 먹고 싶은 거 없니? 이 할머니가 해 주마."

"얘들아, 오랜만에 할머니가 솜씨 발휘하실 모양이다."

정식이 엄마가 웃으며 말했어요.

"할머니, 카레요! 고기 듬뿍 들어간 걸로요. 아니면 탕수육."

"그건 평소에 집에서 먹을 수 있는 거잖아. 나중에 시켜 먹자."

엄마가 정식이를 달랬어요. 한식이는 정식이가 말한 음식 이름들을 듣고 어리둥절했어요.

'탕수육? 카레? 그게 뭐지?'

"그래, 정식아. 이 할미가 더 맛있는 거 만들어 줄 테니까 시켜 먹는 것 말고 다른 걸 말해 보려무나."

사실 한식이가 먹고 싶은 건 따로 있었어요.

'나라면 불고기, 잡채 같은 걸 말했을 텐데. 정식이는 그런 거 안 좋아하나?'

"할머니가 오랜만에 불고기랑 잡채, 탕평채 준비하고 있는데, 그건 안 먹고 싶니?"

정식이 엄마의 말에 한식이는 눈이 똥그래졌어요.

'어, 내가 속으로 한 말이 들리나?'

할머니가 한식이를 보며 말했어요.

"한식이는 불고기랑 잡채를 좋아하나 보구나."

정식이는 짐짓 샘이 나서 말했어요.

"불고기 안 좋아하는 사람도 있나? 할머니, 불고기는 요즘 전 세계 사람들이 다 좋아한대요."

"그걸 네가 어떻게 알아? 다른 사람들이 불고기를 어떻게 안다고."

이제 비행기만 타면 전 세계로 날아갈 수 있다는 걸 정식이가 한식이한테 설명해 줄 수 있을까요?

정식이의 한식이 뭐예요?

"불고기는 언제부터 먹었을까?"

불고기의 역사는 아주 오래되었어요. 불고기는 수천 년 전부터 먹어 온 전통 음식인 데다 조상들의 다양한 지혜가 담긴 음식이지요. 불고기는 얇게 썬 쇠고기를 양념장에 무쳐서 구워 먹는 음식이에요. 예전에는 불고기를 '너비아니'라고도 불렀어요. 너비아니란 궁중과 서울의 양반집에서 쓰던 말로 고기를 얇게 잘라 넓게 저몄다는 뜻이에요. 고기는 기호에 따라 조금만 익히거나 바싹 구워서 먹어요.

우리나라의 전통 고기구이는 맥적(貊炙)에서 유래했어요. 맥은 지금의 중국 동북 지방으로 옛날에는 고구려를 가리키는 말이었어요. 맥적은 고기를 꼬챙이에 꿰어서 불에 굽는 음식인데 석쇠가 나온 이후로는 꼬챙이에 꿸 필요가 없어저서 지금의 불고기가 되었다고 해요. 그 후 고려 시대에는 불교가 융성해 육식이 식생활에서 멀어지기 시작했기 때문에 특히 쇠고기를 먹는 관습은 거의 자취를 감추었다고 볼 수 있어요. 그러다 고려 후기 중국의 영향을 받아 본격적으로 불고기, 갈비를 해 먹기 시작했어요. 조선 시대에 와서는 궁중 요리 너비아니로 발전하게 되었고요.

고기를 소스에 재웠다가 구워 먹는 음식은 세계에서 불고기가 유일하다고 해요. 중국에도 비슷한 음식이 있지만 미리 양념에 재우지 않고 굽거나 갈아서 양념에 묻혀 먹어요.

세상에서 제일 맛있는 불고기

할머니와 엄마는 음식을 하러 방 밖으로 나갔어요.

"그나저나 좀 불안해. 너도 이렇게 불안했냐?"

한식이는 갑자기 어두운 얼굴이 되어 말했어요.

정식이는 한식이 마음이 이해되었어요. 정식이도 과거에 있는 내내 불안했거든요.

"나도 너처럼 돌아갈 수 있겠지?"

정식이는 도자기를 보며 고개를 끄덕였어요.

"그러지 말고 할머니 불고기 만드는 거 도와드릴까? 내가 너희 할머니랑 김치도 담그고 찜닭을 만든 것처럼."

정식이는 엉겁결에 한식이를 따라 김장을 도왔던 기억을 떠올리며 말했어요. 그때 정신없이 일을 하다 보니, 집에 대한 그리움이나 두려움을 잠시나마 잊을 수 있었거든요.

"엄마, 우리도 불고기 만드는 거 도울게요."

부엌에 나타난 두 아이를 보고 할머니와 엄마는 깜짝 놀랐어요. 그동안 정식이는 먹을 줄만 알았지 부엌일을 도운 적이 없었거든요. 그러면서 정식이가 돕겠다는 말까지 하니, 눈이 휘둥그레질 수밖에요.

할머니는 고기를 얇게 썰고 있었고, 엄마는 사과와 배를 막 갈려고 하는 참이었어요.

"아주머니, 그거 우리가 갈아 볼게요."

"손님인데 미안한걸. 할 수 있겠니? 손 조심해야 해."

엄마는 한식이에게 과일과 강판을 건네주며 말했어요.

"이거 우리 집에 있던 강판하고 비슷해요. 그런데 우리 집은 도자기였는데……. 이건 좀 가볍네요?"

한식이의 말에 정식이 할머니 눈이 반짝였어요.

"도자기 강판?"

"네? 네……."

한식이는 조심스럽게 대답했어요.

"도자기 강판은 아무 집에나 있는 게 아닌데. 나 어릴 때도 도자기 강판이 집에 있었단다. 조금 깨지긴 했지만 아깝다고 안 버리고 보자기에 고이 싸서 놓았지. 근데 그게 너희 집에 멀쩡히 있단 말이니?"

"네."

정식이는 할머니와 한식이를 슬쩍슬쩍 보며 말했어요.

"할머니, 그런 게 뭐 할머니 집에만 있었겠어요?"

정식이는 이쯤에서 대화를 끊어야겠다고 생각했어요.

"그런데 할머니, 불고기 양념은 어떻게 해요?"

그때 엄마가 말했어요.

정식이의 한식이 뭐예요?

"옛날에도 잡채를 먹었을까?"

잔칫날이나 생일날이면 빠짐없이 상에 오르는 음식이 잡채예요. 잡채의 '잡(雜)'은 섞다, 모으다, 많다는 뜻이에요. '채(菜)'는 채소를 뜻하지요. 잡채는 여러 채소를 섞은 음식이란 뜻이에요. 당면이 들어간 잡채는 1919년 황해도 사리원에 당면 공장이 처음 생기면서 시작되었고 본격적으로 먹기 시작한 것은 1930년 이후부터라고 해요.

잡채는 17세기 조선 시대의 광해군이 다스리던 때, 궁중 연회에서 처음 선보였다고 해요. 광해군이 총애하던 '이충'이라는 사람이 특별한 음식을 만들어 궁중에 바치곤 했는데, 만들어 오는 음식이 얼마나 맛이 있었던지 임금이 식사 때마다 이충의 집에서 오는 음식을 기다렸다가 수저를 들곤 했다는 기록이 남아 있을 정도예요. 그중에서도 특별히 임금의 입맛을 사로잡았던 음식이 바로 잡채예요.

옛날 잡채는 지금처럼 당면이 들어가지 않아요. 잡채의 주재료가 당면 같지만 잡채는 갖가지 재료를 얇게 채 썰어서 만든 음식이에요. 그 잡채를 만드는 비법이 우리나라 최고의 한글 요리서인 《음식디미방》에 적혀 있어요.

《음식디미방》에는 재료를 일일이 채 썰어 볶아서 그릇에 담고, 그 위에 즙액을 뿌린 다음 천초(초피나무 열매를 따서 말린 다음 씨를 빼고 열매껍질로 만든 가루), 후추, 생강가루를 뿌려 맛을 낸다고 잡채 만드는 법이 적혀 있어요.. 즙액은 꿩고기인 생치를 삶은 국물에 된장 거른 것을 섞고 밀가루를 풀어 끓여서 걸쭉하게 만들었어요.

"양념은 벌써 해 놓았지. 간장과 물을 섞고, 여기에다 사과와 배, 양파 간 걸 넣은 뒤 고기를 재어야 해."

"배를 왜 넣어요?"

정식이가 물었어요.

"고기가 질기지 않고 야들야들 부드러워지거든. 설탕 대신 배나 사과를 갈아 넣으면 훨씬 건강한 단맛이 난단다."

한식이는 배를 강판에 쓱쓱 돌려 가며 갈아서 정식이 어머니에게 드렸어요. 배에서 단물이 뚝뚝 떨어졌어요. 처음 해 본 것일 텐데도 야무지게 했다고 엄마가 칭찬해 주었지요.

정식이 엄마는 각종 채소를 채 썰었어요. 얼마나 빠른지 손이 안 보일 정도였어요. 당근, 양파, 목이버섯, 돼지고기 등 말이에요. 불고기에 들어갈 것들은 다 준비했는데, 왜 또 채소를 준비하는 걸까요? 게다가 돼지고기까지 말이에요.

"뭐 하시는 거지?"

한식이가 슬며시 물었어요.

정식이가 말했어요.

"뭐 하시긴, 네가 아까 불고기와 잡채가 먹고 싶다고 했잖아."

맛있게 먹겠습니다!

얼마 뒤 푸짐한 밥상이 뚝딱 차려졌어요. 한식이는 배가 고팠던 터라 밥을 우걱우걱 잘도 먹었어요.

할머니는 열심히 만든 음식을 맛있게 먹어 주니 기분이 좋은 듯했어요. 할머니 손맛이야 동네에서도 알아주는 거니 당연한 일이겠지만요. 정식이도 불고기부터 냉큼 가져가 먹었답니다.

"한식이라고 했지? 잡채도 많이 먹어 보거라."

"이게 잡채예요?"

"잡채 처음 먹어 보니?"

"그건 아닌데, 잡채에 이런 게 들어간 건 처음 봐요."

한식이가 젓가락으로 집어 올린 건 당면이었어요.

"하하, 잡채 하면 당면이지. 당면 없는 잡채는 잡채라고 할 수가 없어요."

정식이가 당면을 돌돌 말아 입에 쏙 넣으며 말했어요.

"너희는 잡채에 당면 안 넣니?"

"네. 이런 잡채는 처음이에요."

"어째 당면 없이 잡채를 했을까."

이러다 한식이가 조선 시대 이야기를 할까 봐 정식이는 조금 걱정이

정식이의 한식이 뭐예요?

"당면은 뭐로 만든 거지?"

당면은 중국 산둥성에서 처음 만들어졌어요. 당면은 중국에서 건너왔으나 가장 한국적인 식재료라고 할 수 있어요. 당면은 남녀노소 모두 좋아하거든요. 일단 익히면 투명해 보이고 독특한 냄새가 나지도 않아요. 중국에서 당면은 '펀쓰'라고 불러요. 순수한 녹말을 작은 구멍에 밀어 넣어서 실처럼 만든 것이지요. 대만에서는 이 당면을 '동편'이라고 해요. 동은 겨울 동(冬) 자예요. 대만 당면은 녹두로 만드는데 쌀과 보리는 겨울에 잘 안 자라지만 녹두는 겨울에도 자라기 때문에 겨울에도 나는 곡물로 만들었다고 해서 동편이라고 하지요. 우리나라 당면은 주로 감자나 고구마 전분으로 만든답니다.

당면은 우리나라 음식에서 잡채에도 들어가고, 순대에도 들어가요. 부산에는 당면을 비벼 먹는 비빔당면이라는 음식도 있답니다.

되었어요. 정식이는 한식이 옆구리를 콕 찌르며 조용히 말했어요.

"야, 신기한 척 좀 그만해."

한식이도 그제야 대충 눈치를 채고 더 이상 아무 말도 하지 않았어요.

할머니가 해 주신 잡채는 당면이 들어간 것만 빼면 낯설지 않고 입에 착착 달라붙었어요. 집에서 먹었던 맛과 아주 똑같지는 않았지만요. 맛있는 걸 배불리 먹으니 한식이는 행복해지는 기분이었어요.

"우리 집에 와서 잘 먹으니 참말로 고맙구나."

할머니는 한식이에게 말했어요.

"정식이 녀석이 여기만 오면 심심해서 빨리 집에 가고 싶어 하는데, 이번에는 너희 둘이 있으니 걱정을 안 해도 되겠구나."

그날 오후, 둘만 남게 되자 정식이가 한식이에게 말했어요.

"사실 너한테 할 이야기가 있어."

한식이는 불안한 눈빛으로 정식이를 바라보았어요.

"할머니가 우울해하셔서 방학이라 여기 안동에 왔는데, 며칠 뒤면 다시 집으로 돌아가. 그때 할머니도 같이 가실지 몰라."

"그럼 나는?"

"만약 그때까지 돌아갈 방법을 찾지 못하면 나랑 같이 가자."

"그럴 순 없어. 지금 다시 내가 살던 곳으로 갈래."

"지금? 나는 그래도 너랑 며칠 머물렀잖아."

사실 정식이는 한식이랑 며칠 같이 지내면서 금세 친해져 버렸어요. 이대로 헤어지기는 너무 아쉬웠지요.

"그렇다고 안동을 떠나는 건 싫어. 그냥 지금 갈래. 도자기를 만지작거리다가 온 거니까 다시 만지면 돌아갈 수 있지 않을까?"

한식이는 도자기에 손을 댔어요. 만지작거리고 계속 쓰다듬었지만 아무 일도 일어나지 않았어요. 단순히 만지기만 한다고 시간 이동을 하는 게 아닌가 봐요.

"아, 대체 어떻게 하면 돌아갈 수 있는 거지?"

한식이 어깨가 축 가라앉았어요.

"우리가 어떻게 시간 여행을 하게 되었을까 생각해 보았어."

정식이가 비밀을 알아낸 것일까요?

"우리 시간 여행의 중요한 열쇠가 이 도자기라는 건 알겠지?"

한식이가 말없이 고개를 끄덕였어요.

"내가 처음 한식이 네가 사는 시간으로 갔을 때, 나도 도자기를 만지고 너도 도자기를 만지고 있었어."

"그랬던 것 같아."

"동시에 같이 도자기를 만진 거지. 그런데 너랑 나랑 서로의 시간 대로 바뀐 게 아니고, 왜 나만 이동한 걸까?"

그러고 보니 이상한 일이었지요. 한식이는 아무 말도 못하고 침만 꿀꺽 삼켰어요.

"이번에 우리가 다시 내가 살던 시간으로 오면서 난 뭔가 알게 된 것 같아."

"그게 뭔데? 나는 그냥 지금 돌아갈래. 나를 돌려보내 줘."

"먼저 서로 도자기를 잡고 있어야 돼. 그리고 누군가 도자기 안을 들여다보면, 그 사람이 상대방의 시간으로 가는 것 아닐까?"

"뭐? 그게 무슨 말이야?"

"너와 내가 도자기를 동시에 잡고 있었어. 그리고 나는 도자기 안을 들여다보고 있었지. 그러고 나서 내가 너한테 간 거야. 그런데 너는 도자기를 잡고만 있었다고 했잖아. 들여다보지는 않고."

한식이는 곰곰이 기억을 떠올려보았어요. 그러고 보니 정식이가 건너올 때 자신은 분명 도자기를 들여다보지 않았어요. 그리고 이번에 정

식이랑 같이 도자기를 만질 때는 안을 들여다보았고요. 그리고 만약 정식이 시간 대에서 할머니가 안을 들여다보지 않고 만지기만 한 거라면?

한식이는 곧바로 도자기를 잡은 상태로 안을 들여다보았어요.

하지만 아무 일도 일어나지 않았지요. 한식이는 실망스러운 마음에 어깨가 축 처졌어요.

"한식아, 걱정하지 마. 너는 다시 돌아갈 수 있을 거야. 이렇게 나도 다시 왔잖아."

"하지만 나와 동시에 내가 살던 시간에서 누군가가 도자기를 잡고 있어야 하잖아. 그런 우연이 쉽게 생기겠어?"

한식이는 울먹이기 시작했어요.

"일단은 우리 식구들이랑 서울로 올라가자."

"이 도자기를 떠날 수는 없어. 틈날 때마다 만지고 있어야 우연히라도 돌아갈 수 있을 거 아냐."

한식이는 고집을 피웠어요.

"며칠 있다가 안동에 다시 올 거야. 할머니도 서울로 살러 오시는 건 아니고. 그때 너도 다시 오면 되잖아."

"꼭 다시 여기 오는 거지? 이 도자기 있는 데로."

"당연하지. 약속할게."

정식이와 한식이는 새끼손가락을 걸고 약속했어요.

3장 도자기의 비밀

세계 주요 도시별 인기 한식 메뉴

자료: 한식진흥원

 중국
베이징

 비빔밥
 삼겹살
 냉면
 찌개
 전골

 미국
뉴욕

 치킨
 불고기
 비빔밥
 갈비
 잡채

 아랍 에미리트
두바이

 비빔밥
 치킨
 전골
 잡채
 불고기

해외 주요 16개 도시 현지인 대상 한식 인식 조사 결과

한국 음식을 알고 있다

- 2018: 54
- 2019: 54.6
- 2020: 57.4

선호하는 한식 메뉴

- 한국식 치킨: 13.3
- 김치: 11.9
- 비빔밥: 10.9

자료: 농림축산식품부(2020)

옛날 음식을 무조건 지켜야만 할까?

 불고기가 입에 맞냐?

너무너무 맛있어. 매일 먹어도 안 질릴 것 같아.

 아니지. 매일 먹으면 질리지. 그래서 우리나라 사람들은
불고기를 여러 요리에 응용한다고.

그냥 이렇게 양념에 잰 후에 구워 먹는 것 말고?

 이탈리아에 우리나라 빈대떡 같은 피자라는 음식이 있는데,
그 위에 양념한 불고기를 올려서 화덕에 구워 먹기도 해.
그게 바로 불고기피자!

그것도 맛있겠다!

 석쇠에 구워 먹기도 해.

그건 나도 알아! 전라도 지역에서는 석쇠에 양념한 불고기를
올려놓고 직화로 구워서 바삭하게 먹는다고 하더라고.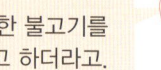

 광양 지역에서 유래했다고 '광양불고기'라고 부르기도 해.

 지금 시대에는 옛날 음식 같은 거 고리타분하다고 안 먹는 줄 알았어.

 야, 맛있는 걸 왜 안 먹냐? 맛있고 좋은 건 오랫동안 보존해야지. 물론 시대에 따라 양념이나 형태가 조금 바뀔 수도 있겠지만.

 옛날 궁중에서만 먹던 음식들이 있거든? 이 시대에 왔으니 그런 것 좀 먹어 봐으면 좋겠네.

 너 여기 먹으러 왔냐? 그리고 집에 안 가냐?

 네가 돌아가게 해 준다며? 서울 가면 더 맛있는 거 먹게 해 주라.

 참 나. 그래 배 터지게 먹게 해 줄게. 나만 믿어.

옛날 먹던 음식 중에 지금도 그 전통이 이어 내려오는 음식에는 어떤 것들이 있을까요? 사라진 음식이 있다면 그 이유는 무엇일까요? 또 불고기피자처럼 서양 음식과 우리나라 음식이 서로 접목된 사례에는 어떤 것들이 있는지 찾아보세요.

빈칸 채우기

다음 음식에 대한 설명을 읽고 빈칸을 채워 보세요.

1 식혜는 보통 단술, 감주라고 부르는데 밥알을 띄워서 먹는 것을 _____라고 하고, 다 삭은 것을 끓인 후 밥알을 건져 내고 물만 먹는 것을 _____라고 해요.
식혯밥으로는 _____이나 _____을 사용해요. 밥을 지어서 _____물에 풀어 하룻밤 따뜻하게 두면 밥알이 삭으면서 위로 동동 떠올라요.

2 불고기는 얇게 썬 쇠고기를 양념장에 무쳐서 구워 먹는 음식이에요. 예전에는 불고기를 _____라고 불렀어요. 궁중과 서울의 양반집에서 쓰던 말로, 고기를 얇게 잘라 넓게 저몄다는 뜻이지요.
우리나라 전통 고기구이는 _____에서 유래했어요. _____은 지금의 중국 동북 지방으로 옛날에는 _____를 가리키는 말이었어요. 고기를 꼬챙이에 꿰어서 불에 굽는 음식인데, _____가 나온 이후로는 꼬챙이에 꿸 필요가 없어져서 지금의 불고기가 되었다고 해요.

정답
❶ 식혜, 감주, 찹쌀, 멥쌀, 엿기름
❷ 너비아니, 맥적, 맥, 고구려, 번철

여러분 생각은 어떤가요?

우리 고유의 음식을 예전 방식대로 지켜 나가야 할까요?
아니면 세계인의 입맛에 맞춰 변형한 것도 우리 음식이라고 할 수 있을까요?

4장
이런 것도 우리 음식이라고?

이것도 불고기?

한식이는 정식이네를 따라 안동을 떠나 서울 구경을 하게 되었어요. 한식이는 안동 마을을 떠나 본 적도 없고, 시대가 다르니 모든 것이 신기할 뿐이었지요.

한식이는 서울 광장 시장도 가 보고, 남대문도 가 보았어요. 한식이는 정식이가 사는 시간의 모든 것이 온통 신기했어요. 정식이는 한식이가 눈을 똥그랗게 뜨고 감탄하는 모습을 보며 잘 데려왔다고 생각했어요. 한편으로는 한식이에게 아주 낯선 음식을 맛보게 해서 깜짝 놀라게 하고 싶은 마음도 있었지요.

"한식아, 나랑 산책할까?"

정식이는 한식이를 데리고 집 밖으로 나왔어요.

"너희 할머니가 해 주신 불고기 진짜 맛있었어."

"그렇지? 불고기는 진짜 최고야. 외국인들이 다 좋아할 만하지."

외국인이라는 말에 한식이는 광장 시장에서 김밥과 떡볶이를 맛보던 코가 크고 머리가 노랗고 얼굴이 하얀 사람, 머리를 잘게 잘게 다 땋고, 피부가 까만 사람들을 떠올렸어요. 미래의 음식을 먹으러 와서 외국인까지 만날 줄은 꿈에도 생각하지 못했거든요.

"한식아, 우리 다른 불고기 먹으러 가자."

"정말? 나야 좋지."

한식이는 신이 나서 외쳤어요. 불고기는 정말 생각할수록 맛있어요. 이번에 정식이가 맛보여 줄 새로운 불고기는 또 어떤 맛일까요?

정식이는 한식이를 데리고 햄버거 가게로 갔어요.

"와, 이게 뭐야?"

한식이는 주문대를 가리키며 물었어요.

"키오스크라는 건데, 요즘은 이렇게 주문해."

정식이는 세트 메뉴 화면에서 불고기 세트를 눌렀어요. 한식이가 불고기를 좋아하니 불고기버거를 시켜 줄 생각이었던 것이지요.

하지만 막상 정식이가 불고기버거 세트가 든 쟁반을 가져왔는데도 한식이는 선뜻 손대지 못했어요.

"불고기가 어디 있다는 거야?"

"여기 불고기가 들어 있어."

정식이는 햄버거 빵을 들고 안에 든 패티를 살짝 보여 주었어요.

"나처럼 먹어 봐."

한식이는 정식이가 하는 대로 손으로 버거를 쥐고 한입에 덥석 베어 물었어요. 한식이는 입안 가득 우물우물 씹다가 눈을 동그랗게 떴어요.

"어? 진짜잖아?"

정식이는 씨익 웃었어요.

"어떻게 불고기 모양이 아닌데 불고기 맛이 나지? 이게 뭐야? 이런 음식은 처음 먹어 봐."

한식이는 순식간에 불고기버거 하나를 뚝딱 먹어 치웠어요.

"진짜 맛있다. 나 살던 곳에서는 전혀 먹어 본 적이 없는 맛이야."

 빈대떡 VS 피자

"어머니, 오늘 저녁 뭘 해 먹을까요?"

"간단히 먹자꾸나."

"집에 있는 채소 섞어서 비빔밥 해 먹을까요?"

정식이의 한식이 뭐예요?

"햄버거는 어느 나라 음식?"

13세기 칭기즈 칸(Chingiz Khan)이 몽골 제국의 기마병을 이끌고 유라시아 대륙을 정벌할 때 가장 큰 문제는 먹거리였어요. 넓은 대륙을 정벌하려면 며칠씩 쉬지 않고 말을 달리면서 먹을 수 있는 음식이 필요했지요. 먹고 남은 양고기 조각들을 납작한 패티로 만들어 말과 안장 사이에 넣고 다니면 말을 타는 동안 체중이 눌러 주기 때문에 납작해지고 부드러워졌어요. 따로 익히지 않고도 먹을 수 있을 만큼 부드러워졌지요.

1238년 쿠빌라이 칸(Khubilai Khan)이 모스크바를 점령하면서 러시아에 몽골 제국의 고기를 갈아 먹는 문화가 전해졌어요. 러시아 인들은 생고기를 갈아 다진 양파와 날달걀을 넣고 섞어서 양념한 뒤 타르타르 스테이크(steak tartare)를 만들어 먹었어요.

이 타르타르 스테이크는 17세기 독일 최대의 항구 도시 함부르크에 전해졌어요. 질 낮은 고기를 갈아서 후추 같은 향신료를 섞어서 간을 하고 생으로 먹거나 익혀서 먹던 '함부르크 스테이크(hamburg steak)'는 선원들을 통해 뉴욕에 전파되었어요. 1850년 대에는 오랜 항해 동안에도 먹을 수 있도록 함부르크 스테이크를 만들 때 소금 간을 하고 살짝 훈제를 하기도 했어요. 또한 간고기만으로는 너무 단단해 물에 적신 빵가루와 다진 양파를 섞어 만들어 먹었어요.

19세기 초반 독일 이민자들이 미국으로 오면서 소개한 양념된 간 쇠고기 요리가 1826년 뉴욕의 델모니코스 레스토랑(Delmonico's restaurant)에 '햄버거 스테이크(hamburger steak)'로 처음 소개되었어요.

불고기버거는 우리나라에서 우리나라 사람들 입맛에 맞게 만든 버거예요. 불고기라는 음식이 세계화되면서 세계 여러 나라 사람들에게도 인기가 있답니다.

"비빔밥이 쉬운 거 같아도 은근히 손이 많이 가는 음식인데. 재료는 있나? 아무렇게나 비벼 먹어도 맛은 있다마는."

"갖은 채소 넣어서 해 보죠 뭐. 집에 소고기 간 것도 있거든요."

한식이는 눈을 동그랗게 뜨고 물었어요.

"집에 소고기가 있어요? 아무 날도 아닌데도요?"

"냉장고가 있으니까 미리 사다 놓기도 하는 거지."

"냉장고요?"

석빙고는 들어 봤지만, 냉장고는 처음 들어 보는 한식이에요. 집에 동굴이라도 있다는 뜻일까요?

정식이는 재빨리 분위기를 바꿔야겠다고 생각했어요.

"할머니, 엄마, 우리 불고기피자 시켜 먹어요. 한식이가 불고기 좋아하니까 불고기피자요. 아까 낮에 불고기버거도 얼마나 맛있게 먹었는지 몰라요."

"피자? 어머니, 피자 괜찮으세요?"

"나는 빵 끝에 피자가 쭉쭉 늘어나는 거, 그게 맛나더라."

"할머니, 빵이 아니라 도우예요."

"아무렴 어떠냐. 우리 강아지가 좋아하는 거라면 할미도 좋다."

할머니는 정식이가 늘 우선이에요. 한 번도 안 먹어 본 음식이라도 정식이가 좋다고 하면 무조건 좋다고 했지요. 새로운 음식을 도전하는 걸 어려워하지 않는 할머니였답니다. 다행히 한식이도 도전 정신이 강해서, 엄마는 큰 걱정을 하지 않고 피자를 시켰지요.

잠시 뒤 피자가 배달되어 왔어요. 한식이가 볼 때 피자는 아주 커다란 빈대떡 같았지요. 며칠 전 광장 시장에서 먹었던 빈대떡보다 훨씬 컸어요. 마침 회사에서 돌아온 아빠도 같이 피자를 먹었어요.

"빈대떡이 엄청 크고 독특하네요."

"이건 피자라는 거야. 저기 고기 보이지? 네가 불고기 좋아해서 불고기피자 시켰지."

한식이는 빈대떡을 세모 모양으로 자르는 게 신기했어요. 한식이는 불고기가 콕콕 박힌 피자를 한입 베어 물었어요. 정식이 할머니도 손으로 피자를 잡고 베어 물었고요. 한식이는 독특한 맛에 눈을 치켜떴어요.

"음?"

"어때? 입맛에 맞니?"

정식이 엄마가 물었어요.

"처음 먹어 보는데 은근 맛이 있어요."

"많이 먹으렴."

"이 쭉쭉 늘어나는 게 뭐예요?"

"그건 치즈라는 거야."

정식이가 웃으면서 말했어요.

"뭔가 이상한 느낌이 나면서도 맛있네."

"한식이 너도 그렇니? 나도 이건 참 좋아한단다. 우리 입맛이 은근히 비슷하구나."

정식이 할머니가 한식이 어깨를 툭 치며 말했어요.

"할머니, 안동 가시지 말고 우리랑 이렇게 피자 자주 먹으며 살아요. 나중에 제가 어른 되면 매일 사 드릴게요."

정식이가 할머니에게 말했어요.

정식이의 한식이 뭐예요?

"치즈는 어떻게 만들까?"

치즈는 소, 염소, 물소, 양 등의 동물의 젖에 들어 있는 단백질이 응고된 식료품이에요. 치즈는 아시아에서 유럽으로 전파되었어요. 치즈는 종류가 많고 다양한 제조법이 있는데 그리스와 로마 시대를 거치면서 제조법이 완성되었어요.

치즈는 가장 오래된 발효유 제품이에요. 구약 성경에도 기록되어 있지요. 치즈는 서구인들의 식단에는 빠지지 않는 메뉴예요.

치즈를 만들기 위해서는 가축의 젖을 그대로 두었을 때 응고되는 물질인 커드(curd)가 필요하므로 가축의 젖을 음식으로 사용하면서부터 치즈가 만들어졌을 것이라 추측해요. 인간이 양을 사육하기 시작한 시기는 무려 12000년 전이니 그쯤부터 볼 수 있어요. 중앙아시아의 유목민들은 최초로 가축을 사육하였고, 이들은 중앙아시아를 통해 유럽 대륙으로 이동하면서 자연스럽게 치즈와 치즈 만드는 기술이 유럽에 전해졌어요. 최초의 치즈는 가축의 젖에 있던 유산균이 자연적인 과정을 통해 발효를 거치며 우연히 만들어졌을 거라 여기지요.

맛? 건강? 또 다른 문화 한류를 이끄는 한식

"어머니, 저나 아비도 같은 생각이에요."

"그러면 좋겠지만 안동 본가가 나 없으면 안 돼. 친구들도 다 거기 있고, 또 지켜야 할 것도 있고. 가끔 너희들이 내려와 주면 좋지. 정식이도 꼭 데리고 오고."

안동이라는 말에 한식이 얼굴에 쓸쓸한 빛이 감돌았어요.

"저도 안동 할머니 댁이 좋아요."

할머니는 한식이 얼굴을 쳐다보았어요. 정식이는 아무도 모르게 한식이 어깨를 살짝 쳤어요. 남의 집이 좋다는 한식이 말이 이상하게 들릴 수 있을 테니까요.

"말 나온 김에 낼 가야겠다."

"어머니, 낼 하루만 더 쉬셨다가 모레 가요."

할머니는 알았다는 듯이 더 이상 말을 안 했어요. 한식이는 집에 가고 싶어 하는 할머니 마음을 조금 이해할 수 있을 것 같았어요.

 신기한 닭 요리

맛나게 피자를 먹고 정식이랑 한식이는 정식이 방에 들어왔어요.

"정식아, 이번에 안동 가면 난 꼭 돌아가야 해."

한식이는 간절한 얼굴로 말했어요.

"네가 꼭 도와줘야 해."

안동 할머니 집 도자기 옆에 있어야만 한식이는 자신이 살던 시간으로 돌아갈 수 있어요. 그러니 어떻게든 정식이 할머니와 안동으로 돌아가야만 했지요.

형제 없이 혼자 지내던 정식이는 한식이랑 늘 투닥투닥거리니 참 좋았어요. 그렇지만 가지 말라고 할 수는 없는 일이에요. 가족이 그리운 마음은 정식이도 충분히 겪었던 일이니까요.

"나, 돌아갈 수 있을까?"

한식이는 눈에 살짝 눈물이 그렁거렸어요.

"한식아, 너도 갈 수 있어. 나도 이렇게 돌아왔잖아."

"너, 그거 아냐? 내가 곰곰이 생각해 봤는데 아무래도 내가 네 조상님 같아."

"그래그래. 내 조상님이다. 하하."

농담처럼 웃고 넘겼지만 어렴풋이 정식이도 짐작하고 있었어요. 정식이가 안동 할머니 집의 먼 조상이 아닐까 생각했어요. 그렇게 되면 한식이는 정식이의 먼 조상일지도 몰라요.

"내가 혹시 돌아가면, 여기서 얼마나 재미있게 놀고 맛있는 걸 먹었는지 두고두고 기억할게."

정식이는 벌써 이별 준비를 하게 되는 것 같아 마음이 아팠지만 아무 내색도 하지 않았답니다.

다음 날 저녁이었어요.

엄마가 한식이와 할머니에게 말했어요.

"어머니, 내일 안동 내려가니, 오늘은 치킨 시켜 먹어요."

"아니, 너는 만날 뭘 그렇게 시켜 먹냐."

"할머니, 우리 치킨 시켜 먹어요. 한식이도 먹어 보게요."

"치킨이 뭔데?"

한식이가 조금 쭈뼛거리며 말했어요.

"엥? 너 치킨도 모르냐? 안동에도 치킨 가게가 많은데. 너희 집은 배달 음식 안 먹는가 보구나."

"어머니, 한식이를 위해서라도 치킨 시켜 먹어요."

그러면서 정식이 엄마는 치킨을 주문했어요.

한식이는 정식이에게 조용히 물어보았어요.

"치킨이 뭔데?"

"이때 배달 오면 봐 봐. 깜짝 놀랄 거야."

정식이는 씨익 웃으면서 일부러 말해 주지 않았어요.

30분 후 치킨이 도착했어요. 손이 큰 엄마는 무려 두 마리나 시켰지 뭐예요.

"어머니, 이건 마늘치킨이고요. 한식아, 이건 간장치킨이야."

한식이는 치킨을 한참 보고는 말했어요.

"오, 이거 닭이네요?"

마늘 양념에 통마늘을 얇게 저민 마늘치킨은 정식이 할머니 입맛에 잘 맞았어요. 프라이드치킨에 간장 양념이 달콤 짭짤하게 밴 간장치킨은 한식이 입맛에 꼭 맞았지요.

"달짝지근하네. 찜닭하곤 또 다른 맛이구나."

"이거 우리 할머니도 좋아하실 맛이에요."

한식이는 입가에 간장 소스를 묻혀 가며 맛있게 먹었어요.

네 사람은 치킨과 함께 콜라, 사이다 등을 마시면서 즐겁게 저녁을 마쳤어요. 먹는 내내 하하 호호 웃음이 끊이질 않았지요. 특히 엉뚱한 소리를 하는 한식이 때문에 즐거운 분위기가 가시질 않았답니다.

"어머니, 어머니가 자주 웃으시니 좋아요. 안동 가셔서 쓸쓸하시면 바로 서울 올라오세요."

엄마가 말했어요.

"쓸쓸하긴 하지. 그 넓은 한옥이 사람으로 북적북적거려야 하는데 휑하니, 왜 안 쓸쓸하겠니. 그래도 너희들 걱정시키지 않게 내가 자주 올라오마."

엄마와 정식이는 할머니를 말없이 바라보았어요.

"외롭고 적적해도 아직은 지키고픈 게 내 맘이다. 내가 올라오면 안동 종갓집은 누가 지키겠니. 그래도 이렇게 얼굴 보니 또 살맛이 난다. 그 힘으로 사는 거지. 여기가 좋다고 다들 도시에서만 살면 되겠냐?"

"저희도 자주 내려갈게요."

엄마와 할머니 대화를 들으면서 정식이는 한식이를 흘낏 바라보았

정식이의 한식이 뭐예요?

"치킨도 우리나라 음식이라고 할 수 있을까?"

치킨은 미국에서 왔지만 프라이드치킨을 많이 먹고 다양한 치킨 요리가 발달된 나라는 우리나라예요. 프라이드 통닭, 길거리 통닭, 전기 구이 통닭, 양념 통닭, 한방 통닭, 간장치킨, 마늘치킨 등등 치킨 요리가 다양해요. 우리나라처럼 치킨 브랜드가 다양한 나라도 없을 거예요.

어요. 어쩌면 자신의 먼 조상일지도 모르는 한식이가 돌아가고 싶은 마음인 것은 할머니와 같은 것일지도 모른다는 생각을 하면서요.

우리나라 치킨의 역사

1953년 이전 / 백숙 형태로만 먹었던 닭 요리

1953년 이후 / 서양식 프라이드치킨 유입
한국 전쟁 이후 미군을 통해 유입된 것으로 추정

1960년 / '명동영양쎈타' 개점
전기 구이 통닭의 등장

1977년 / 국내 첫 치킨 체인점 '림스치킨' 오픈
치킨을 '마리'가 아닌 '조각'으로 먹을 수 있는 최초의 음식점

1982년 / '페리카나' 양념치킨 출시

1984년 / 'KFC' 국내 입점
두껍고 짭짤한 튀김옷을 입은 치킨이
한국인의 입맛을 사로잡음.

1991년 / 기업형 치킨 브랜드 '교촌치킨' 등장

1996년 / 'BBQ' 등장

1997년 / 1차 치킨집 창업 열풍
IMF 사태로 인한 정리 해고, 희망 퇴직 등으로 치킨 창업 열풍이 불어닥침.

1999년 / 아이돌 치킨 모델 시대

2002년 / 2차 치킨집 창업 열풍
한·일 월드컵을 기점으로 치킨집이 2.5만 개로 증가(75% 상승)

2010년 / 남아공 월드컵 당시 한국 경기가 있던 날,
한 브랜드의 하루 닭 판매량이 40만 마리를 기록

2012년 / 화덕, 오븐을 통한 다양한 조리법을 이용하고 마늘, 파, 김치 등의
재료를 넣은 웰빙 치킨이 인기를 끔.

자료: 〈식탁 위의 한국〉, 주영하

비빔밥을 세계에 더 알릴 방법은 없을까?

세계인들이 좋아하는 한국 음식 비빔밥. 세계인이 좋아하는 한국 음식이 아니라 세계인이 좋아하는 음식이 되려면 어떻게 해야 할까요?

비빔밥은 밥에 여러 나물을 넣어 비벼 먹는 음식으로, 전국 어디에서나 즐겨 먹는 음식이지만 지역별 특산물이 비빔밥의 주재료로 사용되며 각 지역마다 특색 있게 발전하게 되었어요.

비빔밥 하면 떠올리는 '전주비빔밥'. 전주비빔밥의 주재료는 콩나물과 육회예요. 전주는 수질이 좋고 콩나물 재배에 알맞은 기후 조건을 갖추었으며, 전주와 가까운 임실 지역에서 쥐눈이콩이 충분히 공급되어 오래전부터 질 좋은 콩나물을 생산해 왔다고 해요. 이 콩나물은 오래 삶아도 질감이 좋은 것이 특징이지요. 또한 문헌에 따르면 전주는 흉년으로 식량 사정이 어려울 때도 매일 육회용으로 소 한 마리를 도살했어요. 그 정도로 육회는 그들에게 친숙한 음식이었고 자연스럽게 비빔밥의 재료로도 사용되었던 것이지요.

비빔밥은 그 속에 들어가는 재료도 중요하지만 비비는 방법도 중요해요. 대체로 나물 종류가 적고 간장 양념만 있는 비빔밥의 경우, 적당히 잘 비벼 먹으면 되지만 각종 나물과 육회, 달걀지단, 고추장 등이 들어간 전주비빔밥은 숟가락으로 위아래로 휘젓듯이 빠르고 가볍게 비벼 주어야 맛있답니다. 미리 비벼 놓지 않는 이유는 양념에 의해 밥이 삭기 때문이지요.

출처 : 문화뉴스

OX 퀴즈

다음 음식에 대한 설명을 듣고 맞는 내용에는 O, 잘못된 내용에는 X로 표시하세요.

1. 비빔밥은 미리 비벼 놓은 채로 상에 내놓는 게 제일 좋다. ☐

2. 육회가 들어가는 비빔밥은 안동 지역의 비빔밥이다. ☐

3. 치즈는 구약 성경에도 기록될 정도로, 가장 오래된 발효유 제품이다. ☐

4. 남아공 월드컵 당시 한국 경기가 있던 날, 한 브랜드의 하루 닭 판매량이 40만 마리를 기록했다고 한다. ☐

5. 서양식 프라이드치킨는 한국 전쟁 이후 미군을 통해 유입된 것으로 추정된다. ☐

정답: ① X, ② X, ③ O, ④ O, ⑤ O

변함없는 집밥

안동으로 내려가는 길이었어요.

"엄마, 우리 휴게소에서 핫도그 하나씩 먹고 가요."

한식이는 그건 또 뭔가 하는 표정이었어요.

휴게소에서 정식이는 소시지와 핫도그, 튀긴 감자를 샀어요. 할머니는 호두과자를 샀고요.

한식이는 차로 돌아오면서 정식이를 살짝 툭 치며 소곤거렸어요.

"아무리 내가 살던 시간보다 한참 후라지만, 이렇게 먹거리가 바뀔 수가 있냐? 어쨌든 다 먹고 싶긴 하다."

"그래, 떠나는 그날까지 이것저것 많이 먹자."

한식이와 정식이는 낄낄대며 웃었어요.

안동 집에 도착하자 할머니는 바로 부엌으로 향했어요. 피곤하실 텐데 또 뭘 하시려는 걸까요?

"우리, 할머니 뭐 하시나 가 볼까?"

한식이는 정식이와 함께 부엌으로 향했어요.

"할머니, 뭐 하세요?"

"배추전 하려고. 서울 올라가기 전에 신문지에 배추를 싸 놓았거든."

"아, 배추전. 그건 저도 알아요!"

한식이는 그 담백한 맛을 떠올리자 금세 침이 고였어요.

할머니는 엄마와 함께 저녁상을 근사하게 차려 냈어요. 밥, 탕, 말린 나물 요리, 김치, 배추전, 동치미 등이 상을 꽉 채웠지요.

한식이는 입이 쩍 벌어져서 아무 말도 못 했어요.

"와, 엄마 고생했네."

정식이는 엄마를 치켜세웠어요.

"이 녀석아, 할미는?"

"할머니는 이렇게 음식하는 게 익숙하시잖아요. 이런 상은 생일 때도 못 만난다고요."

엄마는 정식이를 툭 치며 조용히 하라고 했어요.

"어멈아, 평소 밥상에 탕국하고 나물 안 올리냐?"

"아니에요! 하긴 해요. 정식이 아빠도 국은 꼭 먹는다고요."

어머니는 모기만 한 소리로 답했어요.

"허구 한 날, 치킨이랑 피자만 시켜 먹으면 못쓴다."

"네, 안 그래요, 어머니. 어머니랑 한식이 때문에 특별한 거 시켜 먹은 거예요."

"할머니, 그건 진짜예요. 평소에 엄마는 치킨, 피자 같은 거 잘 안 시켜 줘요."

할머니는 그제야 안심한 얼굴이었어요. 본의 아니게 엄마를 고자질하게 된 정식이는 서울 가서 혼날까 봐 걱정이 되었어요. 하지만 걱정은 그때 가서 하고, 일단은 맛있는 할머니 음식을 잔뜩 먹어 둬야겠죠?

"한식이랑 정식이, 많이 먹어라."

"오늘만큼은 집에 온 것 같아요. 집에서 밥 먹는 거 같아요."

한식이가 목소리를 높였어요.

"니희 집에서는 늘 밥을 이렇게 해서 먹니?"

"네."

"아이고, 그럼 그동안 입에 안 맞는 거 먹느라 고생했겠구나."

"아니에요. 신기하고 맛있었어요."

한식이가 웃으며 말했어요.

"이 중에서 뭐가 제일 입맛에 맞냐?"

한식이는 바로 배추전을 가리켰어요.

"정말 집에서 먹는 거랑 똑같은 맛이에요."

"이 배추전은 안동 사람만 아는 건데. 어린 네가 그 맛을 아는구나. 많이 먹거라."

배추전은 따뜻하게 김이 나면서도 아삭아삭했어요. 마치 생 배춧잎을 먹는 것처럼요. 그러면서도 달큼한 맛이 나는 게, 딱 한식이 할머니가 해 주던 맛이었어요.

"우리 밥상은 이렇게 다 어우러져서 먹는 거다. 찬 하나만 달라져도 먹을 때마다 다른 맛을 만들지."

"어머니 배추전은 아무도 못 따라 할 맛이긴 해요."

정식이 엄마도 몇 번 도전해 보았지만, 할머니 배추전에는 못 미쳤어요.

"우리 할머니가 만드신 배추전이랑 맛이 비슷한 것 같아요."

할머니는 온 가족이 다 잘 먹어 주니 기분이 좋으신 듯했어요. 특히 입맛 까다로운 정식이와 달리 한식이가 치켜세워 주니 우울한 마음도 좀 가신 듯했지요.

"어멈아, 오랜만에 곰탕 좀 뜨끈하게 끓여 먹자. 우리 손주들 몸보신 좀 하게."

"어머니, 안 힘드세요?"

"그냥 푹 고기만 하면 되는데 뭐. 서울 아파트에서는 곰탕 끓이기 힘드니까. 자고로 곰탕은 가마솥에 끓여야 제맛이지."

"제가 뼈 좀 물에 담가 놓을게요."

엄마는 할머니 혼자 일을 너무 많이 하지 않도록 서둘러 일어섰어요. 그렇게 방에는 한식이와 정식이만 남았답니다.

정식이의 한식이 뭐예요?

"곰탕은 곰을 끓인 음식인가?"

곰탕은 소의 고기와 뼈를 진하게 푹 고아서 끓인 국물 음식이에요. 쇠고기 부위 중 양지머리, 사태, 업진(업진살), 곱창, 갈비, 꼬리, 다리를 주로 사용하며, 무를 같이 넣고 끓여요. 고기가 완전히 익으면 얇게 썰어 후춧가루, 다진 파, 소금(또는 간장)으로 양념을 해서 먹지요.

몽고어 어휘를 모아 교재로 펴낸 《몽어유해》에 따르면 몽골에서는 맹물에 고기를 넣고 끓인 것을 공탕(空湯)이라 적고 '슈루'라 읽었어요. 슈루는 오늘날의 곰탕이나 설렁탕처럼 맹물에 고기를 넣고 삶는 조리법과 비슷하다고 해요.

고려 이전까지는 고기 손질에 대한 기술이 크게 발전하지 않았지만, 고려 말에 몽골 제국이 세운 원나라의 지배를 받으며 몽골 사람들로부터 도살법을 배우게 되었는데 이로 인해 불교에서 신성시하는 동물인 소를 가장 즐겨 먹었어요. 고려인은 도살법뿐만 아니라 고기 요리법도 몽골 사람들을 통해 배우게 되었어요.

그럼 우리가 식당에서 자주 먹는 설렁탕과 곰탕은 어떤 차이가 있을까요? 설렁탕은 사골과 잡뼈로 육수를 끓이고 소 머릿고기와 양지머리를 넣어서 삶기에 국물이 뽀얗게 우러나요. 반면에 곰탕은 소고기와 내장을 오랜 시간 푹 고아 끓이기에 뼈 국물보다는 맑은 국물이 우러나오지요.

그런데 실제 식당에서 주문해서 먹으면 그 차이를 크게 느끼기 어렵다고 해요.

🍲 김치로 만드는 특별한 음식

"정식아, 네가 내가 사는 곳에 왔을 때 같이 김치도 하고 우리 할머니가 안동 찜닭 해 주었잖아. 그래서 말인데, 너랑 내가 할머니를 위해 음식을 해 드리면 어떨까? 동네 사람들도 부르고."

한식이가 진지하게 말했어요.

정식이는 한식이네 집에서 마을 사람 모두 어울려 김장을 했던 시간을 떠올렸어요. 온 동네 사람들이 어울려 잔치를 여는 것 같았지요. 그곳에서 리더처럼 중심을 잡고 있던 한식이 할머니와 쓸쓸하게 고택을 지키는 정식이 할머니를 비교해 보았어요. 정식이는 할머니가 한식이 할머니 같으면 좋겠다는 생각이 들었지요.

정식이는 가만히 생각해 보더니, 무언가 생각났다는 듯 손가락을 튕겼어요.

"아, 그렇게 하면 되겠다!"

"좋은 생각이 났어?"

"최근 우리나라에서 인기를 끈 텔레비전 프로그램이 있거든? 아, 넌 무슨 말인지 모르겠구나. 음, 이렇게 설명해 줄게. 우리 집 근처에 나이 든 할머니와 젊은 청년들이 외국이나 지방에서 작은 식당을 운영한 적이 있어. 할머니가 거의 음식을 하고 청년들은 돕는 식이지. 외국인들이 한 명 두 명 찾아와서 먹는데, 처음에는 신기해하고 낯설어 하지만, 이 사람들이 만든 음식을 아주 맛있다고 감탄하면서 먹거든.”

"그런 식으로 마을 사람들과 같이 음식을 만들면 되겠다! 잔치처럼.”

한식이와 정식이는 어떤 특색 있는 음식을 만들어 볼까 의논했어요. 생각만으로는 뭐든 결정하기가 어려웠어요. 정식이는 아이디어를 얻자며, 텔레비전을 켜 보았어요. 텔레비전을 처음 보는 한식이한테는 그것 자체가 별세계였지요.

그러다 우연히 김치에 관한 정보 프로그램을 보게 되었어요. 김치의 유산균이 면역력을 키워 주어서 코로나 사스 같은 독감에 걸려도 가볍게 지나간다는 소식이었지요.

김치 얘기에 정신이 퍼뜩 든 한식이가 소리쳤어요.

"우리 김치찜닭을 만들어 보면 어때?”

"오, 그거 괜찮겠다!”

한식이와 정식이는 할머니에게 자신들의 계획을 말했어요. 쓸데없는 일을 벌리는 거라고 말할 줄 알았는데, 할머니는 그 제안을 선뜻 받아들였어요. 얼굴에 생기도 도는 것 같았어요.

"김치찜닭이라 아주 맛날 거 같구나!”

할머니는 아이들의 계획에 찬성했어요.

"그런데 한식아, 너 김치찜닭을 먹어 보긴 했어?”

"아니. 그런데 그냥 그렇게 해 봐도 좋을 것 같은 생각이 들어."

그런데 엄마는 찬성하는 눈치가 아니었어요. 혹시나 할머니가 힘에 부쳐 병이라도 날까 봐 걱정하는 것 같았어요.

"그거 꼭 해 봐야겠니?"

엄마는 눈짓으로 나를 말렸어요.

"집집마다 묵은지는 다 있으니까 어려울 것도 없지. 어멈아, 애들하고 같이 해 보자꾸나."

다음 날 엄마는 읍내에서 닭을 잔뜩 사 왔어요.

마당에는 화덕이 죽 늘어섰어요. 간장 달일 때 쓰던 화덕들이었지요. 마을 사람들이 그릇에 묵은지 한쪽씩을 들고 나타났어요.

"동네 사람들아, 이게 이 애들 방학 숙제랍니다. 우리가 한번 도와줍시다."

정식이는 할머니 말에 픽 웃음이 났어요. 그냥 같이 하자는 말을 못 하시고 숙제라고 핑계를 댄 거예요. 나서서 뭔가 같이 해 보자는 말을 하는 게 쑥스러우셨나 봐요.

큰 가마솥에 김치를 통째로 넣고 끓였어요. 신 김치 국물도 넣어 주고요. 닭볶음탕용 닭을 한 번 삶아 낸 뒤 김치를 끓이던 가마솥에 넣어 주었어요.

어떤 분은 시래기(무청이나 배춧잎을 말린 것. 새끼 따위로 엮어 말려서 보관하다

가 볶거나 국을 끓이는 데 쓴다.)를 넣기도 하고, 어떤 분은 말린 고구마 줄기를 넣기도 했어요. 불린 당면을 넣는 분도 있었어요. 한식이와 정식이는 감자를 납작하게 썰어서 가마솥 바닥에 깔아 주었지요. 각자 자기만의 방식으로 김치찜닭을 만들어 보는 거예요.

겨울인데도 날씨가 포근하니 좋았어요. 마당에서 요리를 하고 먹는데도 하나도 춥지 않았어요. 어쩌면 사람들과 함께 즐기다 보니 추위를 못 느끼는 건지도 몰라요.

"광장 시장에서 먹었던 마약김밥처럼 이런 요리도 외국 사람들이 좋아하면 좋겠다."

한식이도 이렇게 맛있는 음식이 외국에도 널리 알려졌으면 좋겠다고 생각했어요.

정식이도 이렇게 맛난 음식을 어떻게 세계적으로 알릴까를 계속 고민해 보는 것이 진짜 방학 숙제처럼 느껴졌어요.

갑작스러운 이별

정식이와 고택을 살펴보던 한식이가 무언가를 가리켰어요. 집 뒤 나무 기둥에 대각선으로 그어진 흔적이 희미하게 남아 있었지요.

"이것 봐. 이거 내가 흠집을 낸 것 같아."

"말도 안 돼. 그렇게 오랜 시간 동안 남아 있을 리가 없잖아. 그럼 여기가 한식이 네가 살았던 집이란 말이야? 네가 진짜 내 조상이라고?"

정식이는 따져 물으면서도 그게 진짜일지 모른다는 생각이 들었어요. 한식이는 집을 살펴보면서 확신이 들었는지 빙그레 웃기만 했지요.

정식이가 할머니 심부름으로 잠깐 이웃집에 갔을 때였어요. 한식이는 식구들이 보고 싶은 마음에 가만히 도자기를 만지작거렸어요. 내색은 안 했지만, 할머니와 집이 정말 그리웠거든요. 그렇게 한동안 도자기를 쓰다듬다가 안을 들여다본 순간, 한식이는 그 안으로 빨려 들어가고 말았어요. 감쪽같이 사라지고 만 거예요.

얼마 뒤 정식이가 할머니 방에 들어와 보니, 한식이가 보이지 않았어요.

"한식아! 한식아, 어딨어?"

집 안 곳곳을 찾았지만 한식이 그림자도 보이지 않았어요. 정식이는 그렇게 한식이가 자신이 살던 곳으로 돌아갔다고 생각했어요. 작별인사도 못했지만, 잘된 일이었어요.

"괜찮아. 다음에 내가 가면 되니까."

그래도 이렇게 갑자기 헤어지게 되니 정식이는 안타까운 마음이 들었어요.

"언제든 다시 만날 수 있게 자주 도자기를 만지라고 말해 둘걸."

그러면서 정식이는 도자기를 쓰다듬었어요. 당장 한식이한테 갈 생각은 아니었어요. 그래도 이렇게 하면 한식이에 대한 그리운 마음이 잦아들 것 같았지요.

그때 갑자기 할머니가 방으로 들어왔어요.

"한식아, 정식아!"

정식이는 깜짝 놀라서 그만 도자기를 만지던 손에 힘이 들어가고 말았어요. 도자기는 할머니 방 문갑에서 미끄러져 그만 와장창 깨져 버렸지요. 한식이를 만날 유일한 통로인 도자기가 깨져 버린 거예요!

"정식아, 괜찮니?"

할머니가 다가와 정식이 몸 이곳저곳을 살폈어요. 그리고 와장창 깨져 버린 도자기를 쓸쓸한 눈빛으로 바라보았지요.

"할머니, 깨뜨려서 죄송해요. 일부러 그런 게 아니에요."

정식이는 눈물이 왈칵 솟았어요.

"아니야, 아니란다."

그렇게 말하면서 할머니 눈에서 눈물이 주르륵 흘렀어요.

"할머니, 울지 마세요. 제가 잘못했어요."

"정식아, 사실은 이 도자기는 임진왜란 때 일본에 끌려간 도공이 마지막으로 만든 도자기였어."

"마지막으로 만든 도자기라고요?"

"대대로 한 사람에게만 비밀을 알려 주는데 그 도공이 비밀을 전수받았지. 도공은 우리 집안 아가씨를 사모했단다. 일본으로 끌려가면서 다시는 만날 수 없을 거라는 걸 도공은 안 거야. 그래서 마지막 숨결을 불어 넣고는 일본으로 떠났단다."

할머니는 할머니의 할머니 또 그 할머니에게 도자기의 비밀을 전해 들었다고 했어요. 꼭 만나고 싶은 사람이 생기면 도자기를 쓰다듬어 보리라 마음먹으며 귀하게 간직해 온 것이지요. 전설처럼 내려온 이야기에 반신반의하면서 말이에요.

"그럼 할머니, 혹시 만나고 싶은 사람을 만난 적 있어요? 그 사람이 여기 왔다든가? 아니면 할머니가 어디로 간 적은요?"

정식이의 질문에 할머니는 아무 말도 하지 않았어요.

"할머니는 만나고 싶은 사람 없어요? 혹시 할아버지?"

몇 해 전 돌아가신 할아버지를 떠올리며 정식이가 물었어요. 할머니는 천천히 고개를 가로저었어요.

"너희 할아버지는 보고 싶어도 마음에만 담을란다. 이 할미가 진짜 보고 싶은 사람은 따로 있어."

"누군데요?"

"정식아, 넌 눈 감으면 누가 제일 떠오르냐?"

정식이는 할머니 말씀대로 눈을 감았어요. 머릿속에 가장 먼저 떠오르는 건 바로 엄마였어요.

"아, 할머니. 할머니도 할머니의 엄마가 보고 싶으신 거지요?"

할머니 눈가가 다시 촉촉해졌어요. 정식이도 자기도 모르게 눈물이 흘러나와 소매로 쓱 닦았지요.

할머니와 정식이는 고운 보자기를 깔고 그 위에 깨진 도자기 조각을 놓았어요.

이럴 줄 알았으면 할머니 심부름을 한식이랑 같이 갈 걸 그랬어요. 이렇게 갑자기 이별할 줄은 몰랐어요.

늦은 밤. 시린 안동 하늘에 별이 총총 떠올랐어요.

"할머니, 저 가고 나서도 계속 우울하면 어떻게 해요?"

"내가 언제 우울했다고?"

정식이는 할머니한테 슬그머니 기댔어요.

"할머니, 우울해하지 마세요. 엄마 아빠가 걱정 많이 하세요. 저도 그렇고요."

할머니는 정식이 얼굴을 보고 씽긋 웃었어요.

"그땐 갑자기 세상에 혼자 남았다고 생각했어. 이 안동 종가를 지킬 사람이 다 늙은 나밖에 없잖니? 이 할미는 점점 기운이 없어지고. 게다

가 아무 할 일도 없다고 생각했지."

"지금은요?"

"지금? 지금은 뭔가 하고 싶은 게 생겼단다. 너랑 한식이가 나한테 아이디어를 준 거야. 너희가 나중에라도 우리 전통 한식에 대해 언제든 찾아볼 수 있게 레시피 수첩을 만들 생각이란다."

"장금이 수첩 같은 거요?"

"제목도 정해 두었지. 《안동할미 요리비책》."

"오! 제목이 완전 멋져요, 할머니!"

정식이와 할머니 웃음소리가 밤하늘에 울려 퍼졌어요. 그 소리를 듣고 별들도 손을 흔들듯 더욱 반짝거렸지요.

"정성이 많이 담긴 한식이니 엄청 오래 걸리긴 할 거다."

"너무 바빠서 할머니는 우울할 틈도 없을 거예요."

정식이는 할머니에게 자기도 돕겠다고 했어요.

"할머니, 나 서울 가면 할머니 많이 쓸쓸하겠죠?"

"할미가 쓸쓸하다 하면 안 갈 거냐?"

"그건 아니지만."

"괜찮다. 지난번 김치찜닭 만들 때처럼 마을 사람들하고 이것저것 만들어 먹으면서 지내면 돼."

정식이는 그 말에 마음이 놓였어요. 갑자기 떠난 한식이가 할머니에게 큰 선물을 주고 간 것 같아 고마운 마음이 들었지요.

　정식이는 할머니 품에 폭 안겨서 한식이를 다시 만날 날을 가만히 꿈꾸었답니다.

시식으로 알리는 한식 세계화, 괜찮을까?

한식 박람회나 한식을 알리는 방법으로 외국이나 외국인들에게 시식을 권하고 있어요. 이것은 괜찮은 방법일까요? 이것 말고 더 효과적인 방법은 없을까요?

 일단 외국인들이 먹어 보면 우리 한식의 맛에 반해서 찾게 될걸? 시식이 가장 손쉬운 한식 세계화 방법이야.

 그런데 먹어 보지 않고 관심 갖게 할 방법은 없을까?

 먹어 봐야 맛을 알지.

 세계적으로 유명한 사람이 한식을 소개하는 방식으로 광고를 하는 게 난 더 좋을 것 같아.

 그건 광고비가 너무 많이 들지 않을까? 그리고 광고보다는 자연스러운 게 최고라고.

 전통 음식을 잘 재현한 식품 회사에서 밀키트처럼 만들면 어떨까? 패스트푸드처럼 쉽게 만든다면 한식을 더 잘 알릴 수 있을 것 같아.

 우리나라 음식은 대부분 시간이 걸리는 음식 아니야?
쉽지 않을 것 같은데?

국가 차원에서 외국에 식당 같은 걸 열면 어떨까?

 오, 그건 좋은 방법 같다. 한식의 장점 같은 것을 팍팍 알리면서 말이야.

여러분 생각은 어떤가요? 어떻게 하면 한식을 세계에 더 잘 알릴 수 있는지 자료 조사를 하거나 부모님과 이야기를 나누어 보세요.

이름 맞히기 퀴즈
다음 사진을 보고 음식의 이름을 써 넣으세요.

정답: ① 탕평채 ② 곰국 또는 설렁탕 ③ 조기음어 ④ 잡채

가을걷이 가을에 익은 곡식을 거두어들임.

강판 무, 생강, 과일 따위를 갈아 즙을 내거나 채를 만들기 위하여 사용하는, 표면이 거칠게 생긴 도구.

댓돌 집채의 앞뒤에 오르내릴 수 있게 놓은 돌층계.

도공 옹기 만드는 일을 업으로 하는 사람.

문간방 문간 옆에 있는 방.

백자 순백색의 바탕흙 위에 투명한 유약을 발라 구워 만든 자기. 청자에 비하여 깨끗하고 담백하며 검소한 아름다움을 풍긴다.

석빙고 얼음을 넣어 두던 창고. 경주 석빙고, 창녕 석빙고, 청도 석빙고 등이 있다.

채칼 야채나 과일 따위를 가늘고 길쭉하게 채 치는 데 쓰는 칼.

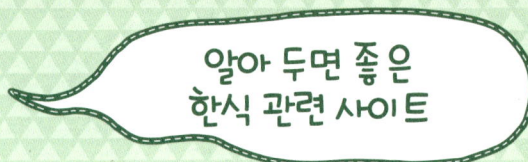

한국의집 https://www.chf.or.kr/kh
전통 음식의 맛과 전통문화의 멋이 어우러진 복합 문화 공간으로, 한국문화재단에서 운영하는 곳이에요.

뮤지엄김치간 https://www.kimchikan.com
1986년 서울 중구 필동에서 김치박물관이라는 이름으로 처음 문을 열었어요. 1987년부터 '풀무원'이 인수하여 운영하기 시작했고, 한국 최초의 김치 박물관이랍니다. 현재는 서울 강남 COEX MALL로 자리를 더 넓혀 재개관한 상태예요. 김치로부터 점점 멀어져 가는 아이들을 대상으로 김치 과학 전시 등 흥미로운 전시와 다양한 김치 체험 프로그램을 지속적으로 진행하고 있어요.

한식진흥원 https://kfpi.hansik.or.kr
한식 및 한식 산업의 진흥과 관련 산업의 경쟁력 강화를 통하여 국민의 삶의 질 향상과 국가 경제 발전에 기여함을 목적으로 설립된 농림 축산 식품부 산하의 공공기관이에요. 한식에 관한 모든 내용을 담고 있답니다.

신나는 토론을 위한 맞춤 가이드

한식이과 정식이와 함께한 우리나라 고유 음식에 대한 공부를 즐겁게 마쳤나요? 이제 마지막 단계인 토론을 잘하려면 올바른 지식과 다양한 정보가 뒷받침되어야 해요. 책을 다 읽고 친구 또는 부모님과 신나게 토론해 봐요!

잠깐! 토론과 토의는 뭐가 다르지?

토론과 토의는 모두 어떤 문제를 해결하기 위해 의견을 나누는 일입니다. 하지만 주제와 형식이 조금씩 달라요. 토의는 여러 사람의 다양한 의견을 한데 모아 협동하는 일이, 토론은 논리적인 근거로 상대방을 설득하는 일이 중요합니다. 토의는 누군가를 설득하거나 이겨야 하는 것이 아니기 때문에 서로 협력해서 생각의 폭을 넓히고 좋은 결정을 내릴 때 필요해요. 반면 토론은 한 문제를 놓고 찬성과 반대로 나뉘어 서로 대립하는 과정을 거치지요. 넓은 의미에서 토론은 토의까지 포함하는 경우가 많습니다. 토론과 토의 모두 논리적으로 생각 체계를 세우고, 사고력과 창의성을 높이는 데 도움을 준답니다.

토론의 올바른 자세

말하는 사람
1. 자신의 말이 잘 전달되도록 또박또박 말해요.
2. 바닥이나 책상을 보지 말고 앞을 보고 말해요.
3. 상대방이 자신의 주장과 달라도 존중해 주어요.
4. 주어진 시간에만 말을 해요.
5. 할 말을 미리 간단히 적어 두면 좋아요.

듣는 사람
1. 상대방에게 집중하면서 어떤 말을 하는지 열심히 들어요.
2. 비스듬히 앉지 말고 단정한 자세를 해요.
3. 상대방이 말하는 중간에 끼어들지 않아요.
4. 다른 사람과 떠들거나 딴짓을 하지 않아요.
5. 상대방의 말을 적으며 자기 생각과 비교해 봐요.

체계적으로 생각하기

한식의 현대화, 성공할 수 있을까요?

다음은 최근 외국에서 우리나라 음식이 큰 인기를 끌고 있다는 내용을 다루고 있어요. 잘 읽고, 질문에 답해 보세요.

우리나라 대중 음악과 영화가 인기를 끄는 데 있어, 한국 음식도 외국에서 주목을 받고 있다고 해요. 그동안 잘 알려져 있던 불고기, 비빔밥, 김치뿐만 아니라 치킨, 떡볶이, 핫도그 등이 새로운 바람을 일으키고 있는 것이지요.

2021년 5월 말, 영국 런던에 한식당이 새로 오픈했는데요, 주 메뉴는 한국식 핫도그, 떡볶이, 컵밥 등 한국의 길거리 음식이에요. 소시지가 들어간 오리지널 핫도그, 모차렐라 치즈가 들어간 문어 다리 핫도그, 감자 토핑을 한 핫도그 등은 우리나라 식에 외국의 입맛을 접목했다고 할 수 있어요. 기본 떡볶이에 치즈, 만두, 김말이, 삶은 계란, 핫도그 등을 토핑으로 추가할 수 있어 인기 만점이지요.

한국 국제 문화 교류 진흥원이 2021년 발간한 〈글로벌 한류 트렌드〉와 〈한류백서〉에 따르면 한국을 떠올릴 때 가장 쉽게 연상되는 이미지로 한식이 K-Pop에 이어 2위로 선정됐다고 해요. 그만큼 한국 문화를 알리는 데 한식만큼 큰 영향을 분야가 없다는 뜻이에요.

예전에는 한국의 전통 음식에만 관심 있었다면, 지금은 떡볶이와 같은 비교적 현대화된 음식에도 외국인들이 관심을 가진다는 것에 주목할 필요가 있어요. 농림 축산 식품부의 '2020 해외 한식 소비자 조사'에 따르면 외국인들이 가장 좋아하는 한식은 한국식 치킨(13.3%)인 것으로 나타났고, 김치(11.9%)와 비빔밥(10.3%)이 뒤를 이었어요.

떡볶이의 인기와 함께 한국 쌀 가공식품 수출은 2020년 9월 기준 약 9천 9백만 달러로 전년 동월 대비 27% 증가했어요. 일본에서는 단맛이 강화된 컵 떡볶이, 태국에서는 컵라면 형태의 상온 떡볶이 제품, 베트남 등지에서는 한국 떡볶이 프랜차이즈를 중심으로 인기를 끌고 있다고 해요.

1. 2020년 농림 축산 식품부의 해외 한식 소비자 조사에 따르면, 외국인들이 가장 좋아하는 한식은 무엇인가요?

1위)   2위)   3위)

2. 그동안 불고기나 김치 같은 전통 음식이 외국인들의 관심을 끌었다면, 최근 떡볶이나 핫도그 등이 인기를 끄는 이유가 무엇일지 생각해 보세요.

 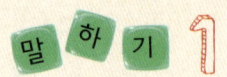

코로나19가 한식에도 영향을 미쳤을까요?

2020년 코로나19로 외식 업체가 받은 충격 수준이 구체적인 수치로 확인됐어요. 그만큼 외출과 외식을 자제했기 때문이겠지요. 다음 글을 읽고 우리나라 외식 문화에 대해 생각하고 질문에 답해 보세요.

지난해 코로나19로 외식 업체가 받은 충격 수준이 구체적인 수치로 확인됐다. 외식 비중이 75%에서 한때 54%까지 줄어든 것으로 나타났다. 구체적으로 외식 업계의 충격은 한식보다 양식이나 아시안 음식 업체에서, 주거 지역보다는 상업 지역에서 더 컸다.

KDX 한국데이터거래소는 OO 카드 소비 데이터를 분석한 결과 이같이 분석됐다고 15일 밝혔다. 이번 조사는 지난해 1월부터 올해 2월까지 14개월 동안 OO 카드의 카드 소비 데이터를 분석해 이뤄졌다. 식생활 관련 전체 소비 금액 중 음식 배달이나 식품 배달 업종의 매출 비중은 지난해 초 25% 수준이었지만, 올해 초 46%까지 증가했다. 배달 음식을 시켜 먹거나 가정 간편식 반찬을 주문해 집에서 밥을 먹는 '내식' 비중이 크게 늘었다는 얘기다. 실제 KDX 고객 분석 플랫폼 '어데고'에 따르면 '배달의민족'의 일일 사용 횟수는 1년 새 80% 가까이 급증했다. 외식 업계의 전년 대비 매출은 한식이 36% 감소한 반면, 양식·아시안 음식업은 43% 감소해 타격이 더 컸다.

반면 외식 건당 단가는 양식·아시안 음식 업종이 135% 수준으로 증가했지만, 한식 업종은 89%로 감소했다. 코로나19 확산에 대한 경계심으로 고급 레스토랑 쏠림 현상이 일어난 셈이다. 또 고기 업종은 전년 대비 매출이 10% 증가하고, 일식·회 업종은 0.2% 감소하는 데 그쳐 상대적으로 충격이 작았다. 주거 지역 매출 감소폭(39%)이 상업 지역(47%)보다 작았다.

1. 코로나19로 인해 양식이나 아시안 음식 업체의 이용 건수가 한식 업체보다 적었던 이유가 무엇일까요?

2. 코로나19가 종식된 이후에도 한식이 꾸준히 사랑받으려면 어떤 노력을 해야 할까요?

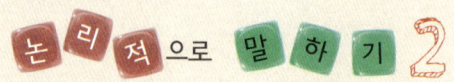

한식으로도 다이어트를 할 수 있을까요?

군살을 빼고 건강을 지키는 일은 모든 사람들의 관심사일 거예요. 덴마크 다이어트, 황제 다이어트, 지중해식 다이어트 등이 유행인데, 한식만으로도 다이어트를 할 수 있을까요? 다음 글을 읽고 질문에 답해 보세요.

최근엔 탄수화물을 줄이고 단백질 섭취를 늘리는 이른바 '황제 다이어트'도 인기인 듯해요. 그런데 고단백질 위주의 식사가 인간 수명을 다소 단축시킨다는 연구 결과도 있어 무조건 따라 하기도 망설여지는 게 현실이지요.

학교 급식에서 채식 급식 횟수를 정해서 시행하자는 '채식주의' 움직임도 점점 힘을 얻으면서, 다시 채식이냐 육식이냐 논쟁이 벌어질 조짐이 보이기도 해요. 대체육 또는 인조고기가 육식을 대신할 수 있다고 주장하는 이들도 있지만, 대체육의 영양가가 생각보다 높지 않다는 연구 결과가 있어 선뜻 답을 내릴 수 없는 문제예요.

미국의 한 대학교에서는 대체육이 돼지고기와 쇠고기를 영양학적으로 대체할 수 없다고 결론 지었어요. 대체육이 진짜 고기와는 다른 영양 성분을 지니고 있기 때문이지요. 진짜 고기 한두 점이 대체육 한 덩어리보다 훨씬 영양가가 높다는 결과가 나온 거예요.

우리나라 연예인 중 한 개그우먼은 한식을 먹으면서 소금, 간장, 된장을 저염식으로 바꿔서 다이어트에 성공하고 있다고 밝혔어요. 한 가수도 한식의 도움으로 30㎏을 감량했다고 밝혔고요.

전문가들도 한식이 다이어트와 건강에 큰 도움이 되는 최적화 식단을 보유하고 있다고 평가해요. 한류 열풍에 힘입어 지금이야말로 세계적인 위상을 차지할 기회라고도 말하지요. 특히 채소를 중심으로 고기와 수산물을 다양한 방식으로 섭취할 수 있는 조리법이 한식만큼 발달한 요리도 드물다는 주장도 있답니다.

실제로 농촌 진흥청과 서울대 연구팀이 과체중 및 LDL 콜레스테롤이 높은 한국인을 대상으로 분석한 결과, 총 콜레스테롤은 한식 섭취 그룹에서 평균 10% 안팎으로 감소했어요. 그러나 미국 권장식을 섭취했거나 미국 일반식을 먹은 쪽에서는 오히려 수치가 증가했고요.

1. 글에서 고단백질 위주의 식사가 다이어트에 긍정적이지 않다고 주장하는 이유가 무엇인지 말해 보세요.

2. 전문가들이 한식을 다이어트와 건강에 큰 도움이 되는 식단이라고 주장하는 이유가 무엇인지 말해 보세요.

창의력 키우기

한식을 알릴 수 있는 여러분만의 한식 레시피가 있나요?

2021년 9월, 워싱턴에서 '김치'를 주제로 한 한식 요리 경연 대회가 열렸어요. 우승자는 아프리카계 제시 넬슨 씨였지요. 흔히 김치를 주재료로 하는 김치전이나 김치볶음밥 등이 아닌 새로운 메뉴의 탄생을 기대했던 가운데 심사위원들의 입맛을 사로잡은 메뉴는 '김치잡채'였어요.
여러분이 이러한 대회에 출전했다면 어떤 요리를 출품했을지 상상해서 그리거나 적어 보세요.

예시 답안

한식의 현대화, 성공할 수 있을까요?
1. 한국식 치킨, 김치, 비빔밥
2. K-Pop과 한국 드라마가 외국에서 큰 인기를 얻으면서, 연예인들이 방송에서 먹는 길거리 음식들이 관심을 받고 있는 듯하다. 더불어서 우리 음식에 외국인의 입맛에 맞도록 다양한 변화를 준 것도 한식이 주목받는 이유라고 생각한다.

코로나19가 한식에도 영향을 미쳤을까요?
1. 건당 단가가 높은 음식이니만큼 코로나19로 외출을 자제하고 지출액을 줄이려는 경향 때문에 매출이 줄었다고 볼 수 있다. 반면 한식은 단가가 오르지 않아 보다 마음 편히 배달을 시킨 것으로 생각한다.
2. 업체에서는 일정한 맛을 유지해야 하고, 물가에 따라 가격이 천차만별로 올라가지 않고 재료 수급이 원활하도록 정부에서도 신경을 써야 한다고 생각한다. 그리고 국내에 거주하는 외국인도 많은 만큼 그들의 입맛에 맞춘 다양한 퓨전 한식 메뉴 개발도 꾸준히 이루어져야 한다.

한식으로도 다이어트를 할 수 있을까요?
1. 고단백질 위주의 식사가 인간 수명을 다소 단축시킨다는 연구 결과가 있기 때문이다.
2. 채소를 중심으로 고기와 수산물을 다양한 방식으로 섭취할 수 있는 조리법이 한식만큼 발달한 요리도 드물기 때문이다. 또한 농촌 진흥청과 서울대 연구팀이 과체중 및 LDL 콜레스테롤이 높은 한국인을 대상으로 분석한 결과, 총 콜레스테롤은 한식 섭취 그룹에서 평균 10% 안팎으로 감소했다고 한다.

《경기도 사서협의회 추천도서》 《한국교육문화원 추천도서》 《아침독서 추천도서》

100만 부 판매 돌파!

수학이 쉬워지고, 명작보다 재미있는
뭉치수학왕

정부 기관 선정 우수 도서실에서 많이 수상한 믿을 수 있는 시리즈!

뭉치 수학왕 시리즈는 미래의 인재로 키워 줄!

"인공지능(AI) 시대의 힘은 수학에서 나온다!"

개념 수학

〈수와 연산〉
1 양치기 소년은 연산을 못한대
2 견우와 직녀가 분수 때문에 싸웠대
3 가우스, 동화 나라의 사라진 0을 찾아라
4 가우스는 소수 대결로 마녀들을 물리쳤어
5 앨런, 분수와 소수로 악당 히들러를 쫓아내라
6 약수와 배수로 유령 선장을 이긴 15소년

〈도형〉
7 헨젤과 그레텔은 도형이 너무 어려워
8 오일러와 피노키오는 도형 춤 대회 1등을 했어
9 오일러, 오즈의 입체도형 마법사를 찾아라
10 유클리드, 플라톤의 진리를 찾아 도형 왕국을 구하라
11 입체도형으로 수학왕이 된 앨리스

〈측정〉
12 쉿! 신데렐라는 시계를 못 본대
13 알쏭달쏭 알라딘은 단위가 헷갈려
14 아르키는 어림하기로 걸리버 아저씨를 구했어
15 원주율로 떠나는 오디세우스의 수학 모험

〈규칙성〉
16 떡장수 할머니와 호랑이는 구구단을 몰라
17 페르마, 수리수리 규칙을 찾아라
18 피보나치, 수를 배열해 비밀의 방을 탈출하라
19 비례배분으로 보물섬을 발견한 해적 실버

〈자료와 가능성〉
20 아기 염소는 경우의 수로 늑대를 이겼어
21 파스칼은 통계 정리로 나쁜 왕을 혼내 줬어
22 로미오와 줄리엣이 첫눈에 반할 확률은?

융합 수학

〈문장제〉
23 개념 수학-백점 맞는 수학 문장제①
24 개념 수학-백점 맞는 수학 문장제②
25 개념 수학-백점 맞는 수학 문장제③

〈융합 수학〉
26 쌍둥이 건물 속 대칭축을 찾아라(건축)
27 열차와 배에서 배수와 약수를 찾아라(교통)
28 스포츠 속 황금 각도를 찾아라(스포츠)
29 옷과 음식에도 단위의 비밀이 있다고?(음식과 패션)
30 꽃잎의 개수에 담긴 수열의 비밀(자연)

창의 사고 수학

31 퍼즐탐정 셜렁홈즈①-외계인 스콜피오스의 음모
32 퍼즐탐정 셜렁홈즈②-315일간의 우주여행
33 퍼즐탐정 셜렁홈즈③-뒤죽박죽 백설 공주 구출 작전
34 퍼즐탐정 셜렁홈즈④-'지지리 마란드러' 방학 숙제 대작전
35 퍼즐탐정 셜렁홈즈⑤-수학자 '더하길 모태'와 한판 승부
36 퍼즐탐정 셜렁홈즈⑥-설국언차 기관사 '어도른 달리능기라'
37 퍼즐탐정 셜렁홈즈⑦-해설 및 정답

수학 개념 사전

38 수학 개념 사전①-수와 연산
39 수학 개념 사전②-도형
40 수학 개념 사전③-측정·규칙성·자료와 가능성

정가 520,000원